개정판

사회 연구의 이론과 실제

사회학적 분석과 적용

민웅기 저

기문사
www.kimoonsa.co.kr

초판 여는 글

인간은 개인과 집단 구성원으로서의 삶을 동시에 살게 된다. 사람은 지구상 다른 생물체의 존재와 질적으로 구별되는 주요 특성이 있는데, 그것은 사회적 존재로서 각자 서로 다른 문화생활을 영위한다는 점이다. 또한 그들은 사회 속에서 지속적인 사회화 과정을 통해 그 구성원으로서의 삶의 방식을 학습하고, 정보와 지식을 공유하며, 집단 내 다른 사람들과 경쟁과 협력 관계를 함께 맺으면서 생활한다. 따라서 인간 삶의 구조와 그들의 행위는 한 개인이 막연하게 생각하는 것보다는 훨씬 복잡한 속성을 지니고 있다.

사회학은 인간 생활에 영향을 주는 사회의 구조적 질서와 주체적 삶을 지향하는 인간의 실존적 의미를 함께 알 수 있게 해준다. 거시적인 구조의 힘들과 미시적인 인간 행위의 역학 관계는 사회학을 전공으로 공부하고 있는 사회학도가 아니더라도 인간이 자신만의 삶의 과정에서 알고 있어야 하는 지식이다. 그 지식이 모이면 세상을 살아가는 지혜가 자연스럽게 함양된다. 한 사회의 주요 교육기관에서 사회학을 사회과학 분야의 기초학문 중의 하나라고 규정하고, 교육하는 것도 이 같은 이유에서이며, 일반 시민들을 대상으로 하는 수많은 교양강좌들이 사회학 지식을 토대로 운영되고 있는 것도 사람들이 사회학 학습의 필요성을 인식하고 있다는 증거이기도 하다.

다양한 사회문제에 대해 함께 생각하고, 문제에 대한 대안을 마련하기 위해 지식체계를 동원할 수 있는 사회학 학습은 사람들의 삶을 더 풍요롭게 만들 수 있다. 사회학은 역사적으로 오랜 지식 축적의 과정을 거쳐왔다. 그러다보니 학문 체계에서 담고 있는 이론과 방법론에 대한 기술 내용들이 다소 난해하고 복잡하게 보이기도 한다. 따라서 그

학문 영역에서의 이론들을 사회구성원들의 일상생활에 유용한 정보로 가져오기 위해서는 사회학 지식을 쉽게 내재화시킬 수 있는 간명한 개념 정리와 실제적 사례 적용 과정이 요구된다.

사회학은 인간의 개인적인 삶과 사회적인 맥락들이 어떻게 관련되어 있는지를 현실적으로 보여주는 학문이다. 일상생활에서 통용되고 있는 문화적 특성들은 인간과 사회 사이에서 나타나는 복잡한 관계의 산물로 오랜 역사 과정을 통해 현재의 모습으로 사람들과 함께 하고 있다. 수많은 사회학 이론들은 우리가 관찰하거나 인지한 실제적 사실들에 대해서 분석하고, 설명할 수 있는 기회를 준다. 그리고 특정 현상이나 사건의 본질을 알게 된 인간은 그 문제에 대한 해답을 얻기 위한 수단을 강구하고, 의미를 해석할 수 있게 된다. 사회학 지식이 학습자에게 쉽고 효과적으로 습득되어야 이 모든 삶의 선순환적 과정이 이루어질 수 있다.

본서는 지속적으로 변화하는 사회 현실에 반영할 수 있는 주요 사회학 이론들을 구성하고, 이를 실제 사회현상에 어떻게 분석하고 적용할 수 있을지에 대한 지식 내용을 다루었다. 또한 독자가 사회현실을 체계적, 구조적, 주체적으로 분석하고 종합적으로 해석할 수 있도록 우리 주변에서 나타나는 실제적 사회 현실을 선택하여 적용했다. 이 책이 다양한 사회학의 이론적 관점과 실제 적용 과정을 효과적으로 연구하는데 작은 도움이 될 수 있기를 바란다.

2018년 새해를 맞이하여

민웅기

개정판을 내면서

초판을 출간한 시점부터 현재까지 우리의 일상생활에서는 예상하지 못한 거시적인 사회 변화가 발생했다. 코로나19 바이러스는 사회구성원들의 삶에 강력한 구조의 힘을 행사하며 여러 가지 사회문제를 불러일으켰다. 인간이 겪게 된 이러한 사회적 삶에서의 어려움 때문에 사회학이라는 학문에 내재한 현재에 대한 냉철한 분석 기법과 미래 예측 방법의 중요성이 더욱 부각되기에 이르렀다. 즉 본격적인 사회 변화에 인간이 능동적으로 적응하기 위해 여러 가지 기본 지식의 학습이 필요한 시기가 된 것이다.

이미 많은 사회학 관련 기본서들이 출간되고 있는 상황을 고려할 때 이 책의 초판에서 주안점으로 생각한 것은 사회학의 기본 개념들을 최대한 간명하게 정리하는 것이었다. 사회학의 학문 역사가 지닌 유구함만큼 기존 사회학 기본서 대부분의 분량은 방대할 수밖에 없었다. 저자 역시 그러한 기본서를 통해 사회학을 학습하고 연구해왔던 것이 사실이다. 그런데, 사회학에서 포함하고 있는 하위 학술 주제의 분량에 압도된 사람들이 다양한 주제를 한 번씩 대략적으로라도 접하기 전에 특정 주제들을 살펴보다가 지치는 경우를 주변에서 자주 볼 수 있었다. 이에 초판에서는 사회학 전공자가 아니더라도 사회학에 관심이 있는 사람이라면 일단 단 한 번이라도 사회학의 전체적인 내용을 습득할 수 있도록 간단하게 관련 개념을 정리하는 방식으로 책 내용을 구성했다.

하지만, 그러다 보니 책 내용이 많이 압축되어 있어서 사회학에 처음 관심을 가진 이들이 부가적인 설명이 없이 책을 읽기에 다소 어려움을 겪을 수도 있겠다는 생각이 들었다. 책의 서술 방식에 대해서 하나의 지향점을 정하고 그것을 충족해야 하는 선택의 기로에 섰을 때, 다른 방향으로는 가지 못함에서 오는 아쉬운 마음이 계속 생기게 되었다.

이에 본 개정판에서는 초판의 골격은 그대로 유지하면서 사회학의 세부 주제를 담고 있는 각 장의 일부 내용에 부연 설명을 덧붙였다. 그리고 기존 초판에서 연계적 개념으로 합쳐서 서술했던 도시와 환경 문제를 독립된 장으로 각각 분리하여 해당 내용을 재구성했다. 최근 논의되고 있는 주요 학술 개념을 각각 추가하여 설명했다. 더불어 초판 각 장의 내용에서 담지 못했던 사회학의 하위 주제에 해당하는 종교, 교육 및 사회화, 사회변동에 관한 주제들을 새롭게 정리했다. 이 같은 책 내용의 수정, 보완 과정을 통해 사회학에 관심이 있는 독자들이 더 포괄적으로 관련 지식을 접할 수 있기를 바란다.

끝으로 책 내용에 쉽게 접근할 수 있도록 삽화로 정성스럽게 표현해주신 하재욱 작가님과 코로나로 인한 여러 가지 어려운 상황 속에서도 이 책이 출간되는 과정에 많은 도움을 주신 기문사 관계자 분들께 감사의 마음을 전한다.

2023년 2월

민웅기

차 례

【참고】 본서는 아래와 같은 원칙에 의해 구성함

- 본서 내용에 대한 인용 출처는 책 마지막 부분에 기술(記述)한 참고문헌 목록에 정리함

1

들어가는 글 : 사회학적 사고와 세상을 보는 관점

들어가는 글 : 사회학적 사고와 세상을 보는 관점

1

1) 사회학의 개념과 사회학적 사고의 특징

사회학은 인간이 스스로의 존재 의미를 잃지 않고 살아가기 위한 조건을 사회환경과의 관계 속에서 찾아가는 방법을 배우는 학문이다. 인간은 사회 내 다른 인간들과 집단을 이루고 상호작용하면서 지구의 다른 생명체들이 이루지 못한 성취를 이루어나가는 사회적 존재이다. 또한 사회화(socialization) 과정을 통해 그 관계의 필요성에 대한 인간의 인식은 더 강화된다. 사회화는 개인이 자신의 성장과정에서 사회적 상호작용을 통해 자기 정체감과 인성을 형성해가는 점진적인 변화 속에서, 사회의 가치, 규범, 신념 등을 포함한 문화를 내면화하여 사회가 바라는 존재로 성장해나가는 과정으로 이해할 수 있다. 즉 인간은 사회학을 학습하면서 사회화를 경험할 수 있다.

이처럼 사회학은 인간과 사회의 복잡한 상호작용과 관계를 연구하는 학문이라 할 수 있다. 사회학은 인간과 사회에 대한 다양한 관점들을 폭넓고 깊게 조망하고 우리가 당연하게 생각하는 상황을 의심함으로써 해당 문제에 대한 의식과 해석 방식을 공유해 나간다. 일반적으로 이 세상을 살아가는 사람들은 그들의 삶 자체가 사회적 맥락에 영향을 받지만, 단순히 이러한 구조적 힘에 의해 인간의 모든 의사가 결정되지는 않는다. 인간은 주체적으로 사회구조에 영향력을 가해서 그들이 원하는 거시문화를 만들어가기도 한다. 결국 인간의 행위와 사회구조는 서로 밀접한 관련이 있음을 알 수 있다. 인간을 다른 존재와 질적으로 구별해 주는 핵심 요소는 사회적 존재라는 사실이다. 인간은 사회 속에서 자신이 소속된 고유한 시간과 장소가 제공하는 문화에 의해 스스로의 자의식을 정립하고 삶의 영위 방법을 인지하며, 인간으로서의 존재 의미를 형성한다. 오늘날 인간이 성취한 문명의 힘은 사회적 존재로서 삶의 방식을 공유하고 누적시켜 온 인간 개인과 사회집단의 협력 행위로부터 시작된 것이다.

사회학의 수많은 세부 학문 영역에는 인간과 사회에 대한 다양한 관점이 서술되어 있다. 일부에서는 인간의 미시적인 의식과 행위를 주로 고찰하기도 하고, 또 다른 영역에서는 인간을 둘러싼 거시적인 사회구조에 초점을 맞추어 연구하기도 한다. 사회학 내 각 세부 학문 분과에 존재하는 여러 가지 학파들은 서로 다른 관점으로 분석 대상을 바라보며 관련 지식에 대해 논쟁하고 협의하는 과정을 거치기도 한다.

앞서 잠시 언급한 바와 같이 일반적으로 사회학은 구조와 행위 사이의 관계를 연구한다. 구조는 개인 밖에 존재하면서 구속력을 발휘하는 사회적 힘을 의미한다. 행위는 개인의 필요와 욕구, 의지와 결단의 산물로 나타난다. 이와 관련하여 일찍이 C. 라이트 밀스(C. Wright Mills)에 의해 논의된 사회학적 상상력(sociological imagination)은 거시적 힘과 미시적 인간 행위 사이의 유기적 연관 관계를 파악하는 능력을 의미한다. 사회학적 상상력은 인간이 일상에서 당연하게 생각하는 친숙한 일상생활로부터 한걸음 떨어져 어떤 사건이나 사물을 당연하게 생각하지 않고 바라보는 능력인 것이다. 이 사회학적 상상력이 내재된 인간은 세 가지 방향의 상상력을 통해 사회를 바라보는 능력을 함양하게 된다.

첫째, 서로 다른 시간대에서 파악하는 상상력은 역사적 상상력과 연관된다. 현재를 이해하기 위해서는 시간을 추적하여 그 현상이 발생하게 된 직간접적인 단서를 찾아볼 필요가 있다. 그러면 과거를 통해 현재를 분석하거나 현재를 통해 미래를 예측할 수 있는 능력이 길러지게 된다.

둘째, 동일 시간 내에서 파악하는 상상력은 비교적 상상력과 관련된다. 한 개인이나 사회를 이해하기 위한 쉬운 방법 중 하나는 개인 자신 외의 타인이나 자신이 소속된 사회 외의 다른 사회와의 차이점을 파악하는 것이다. 이 상상력을 통해 사회를 바라보는 것은 곧 각 사회의 고유성을 설명하기 위한 상상력을 발휘하는 과정이라고 할 수 있다.

셋째, 어떤 현상의 배경이 되는 구조에 대한 통찰력을 배양하기 위한 상상력은 비판적 상상력이다. 이 상상력은 기존의 방식을 벗어나 다른 측면에서 대상을 바라보며 고정된 사고 속에서 포착하지 못했던 부분들을 분석하고 대안적 입장을 검토해보는 능력과 관련된다. 인간이 이 상상력을 갖추려면 여러 가지 사회이론을 학습할 필요가 있으며, 그 생각들을 창의적으로 사회현실에 적용할 수 있는 개인 역량을 함양할 수 있어야 한다.

2) 사회학의 문제의식과 사회를 바라보는 관점

사회학은 독특한 문제의식 속에서 학문적 발전을 거듭해왔다. 문제의식은 사회에 만연한 여러 가지 거짓에 휘둘리지 않고 한 사회의 본질을 과학적으로 이해하려는 목적의식을 통해 보다 구체화된다. 사회학은 이 같은 문제의식을 통해 사회를 정확하게 분석하고, 추후 체계적인 미래 전망을 제시하게 된다. 사회학에서는 현존하는 한 사회의 객관적 질서를 파악하고 추후 미래에 사회가 나아갈 바를 예측하는 연구 과정이 중요하다. 지금까지 사회학은 현실 분석과 함께 기성 질서에 의문을 제기해 온 학문 체계의 성격을 유지해왔다. 즉 항상 여러 가지 합리적인 의심과 비판 과정을 거치면서 사회질서를 파악해왔다.

사회학이 본격적으로 싹트기 시작한 19세기의 서구는 격변의 시기였다. 사회 혁신자들은 계몽주의 사상을 바탕으로 종교적 지식이 아닌 과학기술의 성과를 대중이 인식하도록 본격적으로 여러 가지 노력을 기울였다. 당시 사람들은 확실한 사실과 과학적 연구방법에 근거를 두고 사상체계를 연구했다. 그들은 사회 연구에서도 자연과학에 버금가는 과학적 체계의 성립 가능성을 추구하기 위해 여러 가지 방법들을 모색했다. 이와 관련하여 피터 버거(Peter L. Berger)는 사회학의 특성과 관련하여 사회학적 사고의 특성을 공식적 상황 규정의 무조건적 수용을 거부하는 불신의 학문으로 규정하고, 외부적으로 나타나는 현상 이면에 존재하는 여러 가지 사회현상의 본질, 기능을 탐구하는 학문적 성격을 강조했다. 사회학은 개인에게 막강하게 미치는 사회의 영향력을 인정하면서도 한 개인이 비판적 사고를 통해 자신을 둘러싼 사회구조의 질서를 변화시킬 수 있는 역량을 지니고 있음을 부정하지 않는다.

이 같은 학문적 특징에도 불구하고 사람들이 사회학적 사고로 세상을 바라보는 것은 쉬운 일이 아니다. 왜냐하면 우리가 어떤 현상을 바라볼 때, 그 현상에는 외부에 나타나는 표면적인 명시적 기능과 내재적인 잠재적 기능이 함께 존재하기 때문이다. 인간은 이 기능들을 모두 파악하는 것이 생각처럼 쉽지 않다는 것을 스스로 알고 있다. 일찍이 로버트 머튼(Robert K. Merton)에 의해 명명된 이 두 가지 기능을 정리하면 다음과 같다. 첫째, '명시적 기능(manifest function)'은 특정 사건에 대해 밖으로 드러난 모습으로, 사람들이 어떤 현상의 특징을 외부적으로 판단하도록 만드는 기능을 말한다. 둘째, '잠재적 기능(latent function)'이란 공식적으로 드러난 판단 속에서는 잘 나타나지 않지만, 공식적 기능 이면에서 사람들에게 영향을 미치는 기능을 의미한다. 예를 들어 교육제도의 명시적 기능은 사회에 적응하는데 필요한 지식을 전달해주는 기능을 의미하지만, 잠재적 기능은 교육수준에 따라 특정 계급 장벽을 만들어내어 사회의 신분적 위계를 유지하는 기능을 수행한다.

사람들이 이 두 가지 기능을 모두 고려하면서 특정 제도, 문화에 대한 문제의식을 가지는 것도 어렵고, 그 현상의 본질을 명확하게 설명하기란 더욱 난해하다. 하지만 만약 이 두 가지 기능을 비판적으로 인식하면서 자기 주도적 사고를 통해 사회현상에 대한 문제의식을 표현할 수 있다면, 그것만으로도 사회학이 추구하는 사회학적 상상력을 통한 체계적인 사고를 한다고 볼 수 있다. 결국 사회학은 외부로 나타난 현상에 의문을 품고, 그 숨겨진 본질을 밝히려는 비판적 시각에 의해 학문이 지닌 본질이 더 강해질 수 있다.

사회학에서 강조하는 문제의식을 통해 한 개인이 사회를 바라보는 관점은 다양하게 나타날 수 있다. 사회를 규정하는 다양한 관점 중에서 크게 두 가지 범주의 관점으로 학문적 논의가 많이 진행된다. 바로 '사회실재론-사회명목론' 관점과 '기능주의적-갈등주의적' 관점이 그것이다.

첫째, 사회가 실제로 존재하는지 아닌지에 따라 '사회실재론'과 '사회명목론'으로 분류할 수 있다. 사회실재론에서는 사회가 현실적으로 견고하게 존재하는 실체이며, 인간의 행위는 이 실체에 대한 반응이라고 본다. 이 관점에서는 사회가 인간 외부에 있으면서 개인에게 강력한 영향력을 행사한다고 보고, 사회의 '외재성'과 '구속성'을 전제로 한다. 따라서 사회실재론은 개인의 무조건적인 자율성을 강조하기보다는 사회를 하나의 사물처럼 연구하여 개인에게 영향을 미치는 사실적 존재로 가정한다. 반면 사회명목론에서는 사회가 개인의 합(合)에 불과하며, 개인의 속성이 확장되어 전체의 속성이 결정된다는 입장을 취한다. 즉 사회명목론적 입장에서는 사회가 그것 자체로는 존재하지 않으며, 개인의 행위와 의식이 모여야만 특정 사회의 존재 여부가 결정된다고 본다.

둘째, 사회구성원들이 서로 어떤 성격의 관계를 맺고 있는가에 따라 '기능주의적' 관점과 '갈등주의적' 관점으로 나눌 수 있다. 기능주의적 관점은 사회를 하나의 큰 유기체로 보고 사회를 구성하는 사람들이 공통의 합의를 통해 그 균형이 이루어진다는 입장을 취한다. 그리고 인간이 상호유기적인 협력관계를 통해 각자 맡은 기능을 충실히 이행하여 사회 전체의 유지와 존속에 기여한다고 본다. 반면 갈등주의적 관점에서는 사회의 모든 구성원들이 자신의 이익을 추구하며, 상충되는 이익을 추구하는 집단 간 갈등이라는 동력을 통해 사회가 존재한다고 주장한다. 여러 가지 갈등에 의해 사회는 시시각각 변동하는데, 마치 이 갈등 구조가 질서 있는 것처럼 보이게 되는 현상의 본질을 분석했다고 할 수 있다. 이처럼 갈등 현상이 마치 질서가 있는 것처럼 관찰되는 이유는 그 내면의 모습에서 권력이 있는 사람과 권력이 없는 사람 간 지배구조가 공고하게 자리 잡고 있기 때문이라고도 본다. 여기에서 말하는 권력은 상대방 의사에 관계없이 자신의 의사를 관철시킬 수 있는 힘이나 강제력을 의미한다.

지금까지 살펴본 바와 같이 여러 가지 관점에서의 사회에 대한 분석력을 강화하기 위해서는 앞서 언급한 사회학적 상상력을 배양해야 한다. 사회학적 상상력을 통해 어느 현실의 모습을 과거, 현재, 미래의 시간 흐름 속에서 이해하려고 노력하고, 동시간대 타인과의 차이점에 대해서는 공간 차이에 근거하여 분석할 수 있어야 한다. 인간은 어떤 사실에 대해서도 논리적으로 찬성, 반대하는 입장을 스스로 검토하면서 학습한 이론적 관점을 적용해보는 능력을 끊임없이 함양할 수 있어야 자신의 삶의 질을 높일 수 있을 것이다.

3) 사회과학 연구의 특성과 사회 연구의 분석 방법

사회과학은 자연과학과 달리 명확한 하나의 공식과 법칙을 만들어내기가 매우 어려운 학문 체계이다. 그 이유는 다음과 같다.

첫째, 자연과학은 하나의 현상에 영향을 미치는 여러 가지 변인들을 통제하여 연구하기가 용이하지만, 사회과학은 해당 변인을 차단하기도 어려울 뿐더러 하나의 현상에 영향을 미치는 변인들이 너무 많이 존재하기 때문이다. 예를 들어 한 아이가 성장 과정에서 일탈행동을 했다면 그 일탈행동에 영향을 끼친 변인들이 매우 많기 때문에 하나의 인과관계 규정을 통해 통일된 공식과 같은 법칙으로 일반화하는 것은 사실상 어렵다.

둘째, 사회과학에서는 연구대상이 되는 존재의 능동적 행위가 개입하기 때문에 똑같은 조건에서 반복되는 관찰이 어렵다. 예를 들어 연구자가 어느 학교를 방문하여 학습 능률 향상에 영향을 미치는 환경적 요인을 찾기 위한 조사를 진행한다고 가정해 보자. 이때 해당 학교에서 공부하는 연구대상자들은 연구과정에서 자신이 현재 연구대상이 되어 관찰당하고 있다는 사실을 인지하기 때문에 평소와 같은 태도와 행동을 보이지 않을 수 있다. 이렇게 되면 객관적인 연구 데이터를 추출하기가 어려워지는 것이다.

셋째, 사회과학 연구는 해당 연구의 필요성을 제시하기 이전에 연구 진행 시 고려해야 할 윤리적 요소가 매우 많다. 사회과학 연구의 대부분은 인간을 대상으로 진행되기 때문에 연구과정에서 연구대상이 비윤리적인 환경과 상황에 처해지지 않도록 연구자는 이를 사전에 철저히 검토해야 한다. 예를 들어 아동들이 폭력적인 영상물을 접했을 때와 접하지 않았을 때, 성장 과정에서 어떤 인성 변화가 생기는지를 비교 검토하기 위해 성장기에 있는 일부 아이들에게 고의로 폭력적인 만화와 영화 등을 보여줄 수는 없는 일이다. 특히 최근에는 윤리에 어긋나는 연구가 진행되지 않도록 사회과학자들은 많은 주의를 기울이고 있다. 그 과정에서 일부 주제를 연구하는데 제약이 생길 수도 있다.

사람들이 사회에서 생활하다보면 어떤 사회현상이나 원리에 대해 궁금한 점이 생기기도 한다. 이럴 때는 다양한 종류의 자료와 연구방법을 통해 의문점을 해결하려고 노력한다. 그 구체적인 연구방법은 몇 가지 기준에 의해 분류가 가능하다.

첫째, '자료의 성격'에 따라 연구방법을 분류할 수 있다. 사회학 연구방법은 수치로 나타낼 수 있는 객관적 자료를 이용하는 '양적(量的) 접근법'과 수치적 접근이 아닌 대상의 의미를 연구하는 '질적(質的) 접근법'으로 분류된다. 양적 접근법에서는 주로 구조화된 질문지 등을 활용하여 수치자료를 수집한다. 이 양적 접근법은 실증적 연구방법과 관련되며, 연구과정에 있어서 일반적으로 '… 이론 → 가설 → 관찰 → 경험적 일반화 → 이론 → 관찰 …'의 순환과정을 거친다. 질적 접근법은 감정 이입을 통한 참여관찰이나 심층면접 등과 같은 비구조화된 방법으로 얻은 조사 결과를 바탕으로 그 의미 구조 파악을 통해 연구 자료를 만들어 낸다. 이 연구방법은 연구대상에 대한 이해와 의미 도출을 목적으로 하기 때문에 연구자와 연구대상자의 정서적 교감이 연구의 정확성을 높이는데 중요한 역할을 하기도 한다. 질적 접근법은 감정 이입을 통해 상호작용 속에서 이루어지는 해석적 연구방법을 취한다.

둘째, '연구의 목적'에 따라 연구방법을 분류할 수 있다. 본 조사에 앞서 연구의 전체적인 흐름과 아이디어 등을 확보하여 연구 주제를 보다 명확하게 하기 위한 '탐색적 연구', 현재 있는 그대로의 현상을 사실대로 서술하여 현상의 정확한 모습을 제공하고, 자료를 확인하는 '기술(記述)적 연구', 원인과 결과의 관계를 밝혀 관계의 논리구조를 따지는 '설명적 연구' 방법이 있다. 설명적 연구에서 연구 목적이자 근간이 되는 인과관계의 성립 요건은 크게 세 가지이다. 먼저 원인이 되는 변인이 결과가 되는 변인보다 먼저 일어나야 하고, 또한 원인이 되는 변인이 바뀌면 결과가 되는 변인도 바뀌어야 한다. 그리고 실제로는 두 변인 사이에 관계가 없는데도 마치 관계가 있는 것처럼 영향을 미치는 숨어있는 다른 변인이 없다는 것을 명확하게 밝혀내야 한다. 그래야만 하나의 현상에 관계하고 있는 두 변인이 직접적으로 원인과 결과 관계에 있음을 주장할 수 있다.

이처럼 사회과학은 연구의 성격이나 목적에 따라 서로 다른 연구방법의 선택이 가능하다. 물론 각 연구방법은 분명한 장점과 단점을 지니고 있다. 최근에는 이 같은 연구방법을 융합하여 연구하기도 한다. 사람들이 알고 싶어 하는 사회현상의 본질에 더 가까이 접근하기 위해서는 연구자가 어떤 연구주제를 어떤 연구방법으로 고찰할지를 현명하게 선택할 수 있어야 하는 것이다.

2

사회학이론의 흐름 : 사회현상을 어떻게 설명할 수 있는가?

사회학이론의 흐름 : 사회현상을 어떻게 설명할 수 있는가? 2

1) 고전사회학이론의 중요성

사회학(sociology)이라는 개념의 용어는 18세기 프랑스 대혁명 이후, 프랑스의 특수한 상황에서 사회를 재조직하여 안정을 되찾고자 했던 실증주의 철학자 오귀스트 콩트(Auguste Comte)에 의해 1840년대부터 본격적으로 논의되기 시작했다. 콩트는 자연과학이 물리적 세계의 법칙을 발견하듯이 사회적 세계의 법칙을 발견하는 사회과학을 안정적으로 창조하려고 노력했다. 그리고 사회학이 물리학, 화학 등과 같은 자연과학 학문 영역처럼 엄격한 과학적 방법이 적용되어 논의되기를 원했다. 또한 사회학도 경험을 통해 관찰가능한 것만을 연구하는 실증주의(positivism)의 입장에서 연구되어야 한다고 보았다.

그는 인류 역사의 발전에서 '질서'와 '진보'의 법칙을 실증적으로 찾아내려고 노력했다. 이는 질서가 진보의 조건이고, 진보는 질서의 필연적인 목적임을 강조한 것이다. 그리고 사회유기체적 연구 접근법을 이용하여 사회의 어느 한 '부분'보다는 '전체'를 강조하여 연구해야 한다고 주장하면서 사회 전체의 질서를 강조했다. 이런 이론 체계를 구축한 이유는 콩트가 사회학을 본격적으로 언급한 그 시기에는 프랑스 혁명과 산업화로 인해 사회질서가 많이 파괴되었기 때문에 이를 극복하는 안정적 사회질서의 구현을 원했기 때문이었다.

콩트는 인간의 정신적 진화 및 사회 발전 단계를 아래 〈표 2-1〉에서와 같이 세 단계를 통해 이해해야 한다고 연구했다. 콩트는 지적 단계를 구분함에 있어서 첫 번째 단계는 사제와 군인이 지배하는 신학적 단계, 두 번째 단계는 성직자와 법률가가 지배하는 형이상학적 단계, 세 번째 단계는 산업경영자와 과학자가 지배하는 실증적, 과학적 단계로 나누었다. 그리고 이러한 세 개의 지적 단계에서 나타나는 각각의 사회 구성단위는 '가족→국가→인류'로 이어진다고 보았다.

〈표 2-1〉 콩트가 바라본 인간의 정신적 진화 및 사회발전 단계

구분	지적 단계	지배자 유형	사회구성단위
1단계	신학적	사제와 군인	가족
2단계	형이상학적	성직자와 법률가	국가
3단계	실증적, 과학적	산업경영자와 과학자	인류

한편 수많은 고전사회학자 중 후대 학자들에게 많은 영향을 미친 사회학자로는 에밀 뒤르켐(Émile Durkheim), 카를 마르크스(Karl Marx), 막스 베버(Max Weber)를 들 수 있다. 이들의 이론은 현대사회학의 주요 이론적 흐름인 '구조기능주의, 갈등주의, 상징적 상호작용론, 교환이론' 등에 중요한 영향을 준 고전사회학이론으로 통하고 있다.

첫째, 프랑스 출신의 사회학 대가인 뒤르켐은 이론의 많은 부분에서 콩트의 영향을 받았다고 볼 수 있다. 그는 사회학을 마치 하나의 사물과 같이 개인의 외부에 실재하는 사회적 사실(social fact)을 연구하는 학문으로 보았다. 여기서 '사회적 사실'이란 사회, 집단에 의해 표명되고 그 자체가 존재성

을 지니는 일체의 감정, 사고, 행동양식을 의미한다. 사회적 사실은 강압의 형태가 아니라 일종의 도덕적 의무로서 사회구성원들에게 영향을 주게 된다.

뒤르켐은 사회실재론자로서 몇 가지 중요한 논의를 했다. 그는 자신의 저서인 『사회분업론(Division of Labor in Society)』에서 인구밀도가 높아짐에 따라 생산성 증가를 위해 사회적 수준에서의 자연스러운 분업이 진행된다고 논의한다. 노동의 분업화를 통해 사회관계가 '기계적 연대'에서 '유기적 연대'로 변화하는 모습을 포착하고 이질성에 기반을 둔 사회질서를 발견했다고 밝혔다. 이 이질성 기반의 사회에서 그동안 전통적으로 이어져 온 생활방식, 도덕성 등에 대한 믿음이 붕괴하는 무(無)규범 상태인 '아노미(Anomie)' 현상이 나타나게 되었다고 주장했다. 그리고 이러한 현상을 극복하기 위해서는 도덕적 규제를 보강할 수 있는 집합의식의 활성화가 절실하다고 보았다.

또한『자살론(Le Suicide)』에서는 인간의 자살이 개인이 주도한 현상이 아니라 거시적인 사회적 조건에 의해 나타나는 사회현상이라고 보았다. 그는 사회의 통합 정도와 사회규제 정도에 따라 자살을 이기적 자살, 이타적 자살, 아노미적 자살, 숙명적 자살 유형으로 나누었다. 첫째, 이기적 자살은 사회통합 정도가 낮을 때 나타나는 자살 유형이다. 다른 사람과의 상호작용이 잘 이루어지지 않으면서 사회활동을 하지 않고 홀로 떨어져 배제된 사람들의 자살을 예로 들 수 있다. 둘째, 이타적 자살은 개인이 사회에 과도하게 통합되어 있을 때 나타나는 자살 유형이다. 그 예로 자신이 속한 집단을 위한 자살테러 등이 있다. 셋째, 아노미적 자살은 사회의 급속한 변동과 불안정성으로 기존 규범이 더 이상 유지될 수 없을 만큼 사회적 규제가 약화되었을 때 발생하는 자살 유형이다. 한 예를 들어보자. 어떤 사람이 부모님의 가업을 이어받으면, 부모님처럼 경제적으로 여유 있는 생활을 할 수 있다고 생각하고 성실하게 일을 했다고 가정하자. 하지만, 사회가 급속도로 변화하면서 몸담고 있는 산업군이 쇠퇴하여 열심히 일만 하면 성공할 수 있다고 믿어 왔던 규범들에 대한 인식이 혼란스러워지는 상황에 직면할 수 있다. 이럴 때 그 사람은 자신이 믿었던 규범이 없어졌다는 생각에 자살을 하게 될 수도 있다. 넷째, 숙명적 자살은 사회의 규제가 지나치게 심해서 발생하는 자살 유형이며, 자살을 하나의 숙명으로 받아들여 행동으로 옮기게 되는 경우이다. 예를 들어 어떤 이가 군대 등에서 지나치게 엄격한 규율 때문에 견디기 어려워서 생활에 적응하지 못하는 것이 자신의 한계이자 이 사회문화와 자신이 맞지 않는 일종의 숙명이라고 생각하면서 자살을 하는 경우가 그것이다. 뒤르켐은 이러한 여러 가지 자살 유형을 통해 인간의 개인적 선택이라고 판단하는 자살이라는 행동이 결국 사회가 유발한 것이라고 주장했다. 이는 뒤르켐의 사상을 뒷받침하는 사회실재론적 관점을 잘 보여주고 있다.

뒤르켐의 사회실재론은 종교에 관한 연구에서도 잘 나타난다. 원주민의 토템(totem) 신앙에 대한 문헌연구의 결과를 저술한 자신의 저서인 『종교생활의 원초적 형태(Les formes elementaires de la vie religieuse)』를 통해 토템 형성은 성(聖)스러움과 속(俗)됨을 구분하는 사회적 가치를 나타내며, 집단적 의례를 통해 종교의 영향력도 강화된다고 보았다. 여기서 말하는 토템이란 원시부족 또는 씨족사회에서 특별한 혈연관계가 있는 것으로 믿어 신성하게 여기는 동식물 등의 자연물을 의미한다. 결국 뒤르켐은 성스러움과 속됨의 기준이 되는 사회적 규정을 강조함으로써 종교 역시 사회적 사실, 문화적 산물로 볼 수 있다는 입장을 폈다고 할 수 있다.

둘째, 현대사회학에 중요한 영향을 미친 고전사회학자로 마르크스가 있다. 독일 출신의 마르크스는 자본주의 분석서인 『자본론(Das Kapital)』의 출간으로 사회과학자로서의 명성을 얻었다. 그의 이론적 논의와 사회학에 미친 영향을 정리하면 다음과 같다.

먼저 마르크스는 갈등주의 이론의 기틀을 마련했다. 마르크스에게 있어 사회란 긴장과 갈등을 통해 사회변동을 야기하는 대립적 세대 간의 동적 균형상태를 의미한다. 그는 게오르크 헤겔(Georg W. F. Hegel)의 변증법과 루트비히 포이어바흐(Ludwig A. von Feuerbach)의 유물론적 사상에 근거를 두고 변증법적 유물론을 주장했다. 먼저 마르크스는 헤겔의 변증법을 통해 역사의 변화를 설명했다. 그에게 있어 어떤 사물이나 현상에 대한 모순은 변증법을 구성하는 핵심적인 요소이다. 일찍이 헤겔은 내부적 모순을 간직하고 있는 '정(正, thesis)'과 그것의 모순인 '반(反, antithesis)' 사이의 투쟁의 결과로 새로운 관념의 '합(合, synthesis)'이 나타난다고 보았다. 그리고 이 합은 또다시 그 자신의 모순을 간직한 정이 되고 그것에 반대되는 개념이 나타나며, 이 두 개념 간 투쟁의 결과 새로운 합을 구성하게 된다고 분석했다. 결국 이와 같은 '정-반-합'이라는 일련의 과정을 통해 지속적으로 역사가 변화한다고 보았다. 그리고 역사를 이루는 투쟁의 중심에는 생산력, 생산관계와 같은 생산요소가 자리 잡고 있다고 논했다. 마르크스의 영향을 받은 후대 학자들은 마르크스의 생산요소들이 결국 물질일 수밖에 없고, 이를 통해 변증법적 유물론을 마르크스의 주요 이론에 내재한 기초 개념으로 여겼다.

한편 마르크스는 계급을 생산수단의 소유 여부에 따라 '자본가[부르주아]'와 오로지 노동력을 통해 얻게 되는 임금으로 생계를 유지하는 '노동자[프롤레타리아]'로 구분하고, 사회의 모든 역사는 부르주아에 대한 프롤레타리아의 계급투쟁에 의해 이루어진다고 보았다. 그리고 역사의 진보는 생산력과 생산관계의 모순을 극복하기 위한 투쟁에서 시작된다고 주장했다. 한편 사회변동의 모습은 '원시 공산사회→고대 노예사회→중세 봉건사회→근대 자본주의 사회→현대 사회주의 사회'로 변해가며, 결국 사회주의 사회에 이르러 계급에 상관없이 모두가 평등한 유토피아가 올 것이라는 이상사회 건설에 대해 긍정적인 생각을 가지고 있었다.

또한 마르크스는 자본주의 사회에서는 자본가의 노동자에 대한 착취구조가 형성되어 노동자의 소외 의식이 나타난다고 주장했다. 그리고 노동자가 자신이 속한 계급의 위치와 역할을 객관적으로 통찰할 수 있는 계급의식이 내재한 '대자적(對自的) 계급(class for itself)'으로 이행되는 과정에서 혁명이 발생한다고 보았다. 더 나아가 그는 사회의 생산력과 생산관계로 이루어진 사회의 하부구조가 이념, 사상 등으로 구성된 상부구조의 의식 세계를 지배한다고 보았다.

셋째, 현대 사회학에 중요한 영향을 미친 또 다른 고전사회학자로 베버가 있다. 독일 출신의 사회학자인 베버는 근대 자본주의 변동과 관련하여 다양한 사회과학을 폭넓게 연구하여 사회학의 학술 영역을 풍성하게 만들었다. 그는 콩트-뒤르켐으로 이어지는 실증주의 사회학과 마르크스의 이론에 근거한 사회학을 비판하면서, 사회학은 사회적 행위를 연구하는 과학이어야 한다고 주장했다. 그는 사회구조가 인간 외부의 어떤 힘이 아니라 행위자들 간의 상호작용에 의해 형성되는 것이며, 사회적 사실은 결국 '이해'되는 것이라고 보았다. 여기서 말하는 이해는 단순히 주관적 해석만을 의미하지 않으며, 객관성에 근거한 인과적 적합성과 주관적 의미의 적합성을 모두 알 수 있는 종합적인 성격의 이해를 의미한다.

한편 베버는 사회가 점차 '합리화' 과정을 통해 효율성이 증대되는 방향으로 나아가고 있다고 주장했다. 그 대표적인 현상으로 근대 산업사회를 이끈 '관료제(bureaucracy)'에 의한 합리화 과정을 꼽았다. 이 맹목적 합리화를 통해 인간은 그 합리성의 '철창' 속에 머물게 되는 비관적 미래를 맞이하게 될 것이라고 예측한 이 베버의 미래관은 마르크스와는 다른 내용을 담고 있다. 마르크스는 프롤레타리아 혁명을 통한 낙관적 미래를 전망하는 입장이었다.

더불어 베버는 자신의 저서인 『프로테스탄티즘의 윤리와 자본주의 정신』을 통해 종교적 이념과 신념이 자본주의의 발흥을 가져왔다고 여김으로써 인간 동기와 사상이 물적 토대의 변화를 추동할 수 있다고 믿었다. 이는 물적 하부구조의 토대가 의식적 상부구조를 지배한다고 주장한 마르크스의 주장과는 다른 이론적 논의라고 할 수 있다.

그리고 그는 사회계층의 모습이 다차원적으로 구성되어 있다고 보고, '계급(class), 지위(status), 파당(party)'으로 나누어 그 개념을 분석했다. '계급'은 사유재산 소유에 바탕을 둔 경제적 이해관계를 지닌 사람들의 층위를 의미하며, '지위'란 다른 사람들로부터 인정받는 존경의 정도에 따라 결정되는 명예를 의미한다. 마지막으로 '파당[권력]'으로 명명되는 이 강제적 힘은 다른 사람의 저항에도 불구하고 자신의 의사를 실현할 수 있는 권력의 획득을 지향하는 정치적 파벌을 의미한다. 베버가 연구한 이 계층연구 역시 생산수단 소유 여부에 따라 계급을 자본가[부르주아]와 노동자[프롤레타리아]로 나눈 마르크스와는 구별되는 이론적 내용이라고 할 수 있다.

베버는 인간 행위 연구를 위해 다양한 노력을 기울이기도 했다. 그는 사회적 행위에 대해서 목적합리적, 가치합리적, 감정적, 전통적 행위의 이념형(ideal type)적 분류를 통해 연구했다. 인간 행위의 성격을 분류해서 고찰한 것이다. 여기서 말하는 이념형이란 어떤 개념의 간명한 비교를 위해 본질적 특성을 부각하여 준거의 기준으로 차용하는 방식으로 가설적 성격의 개념과 구성물을 제시하여 일반화시키는 형태의 분류를 지칭한다. 즉 실제 사회에서 나타나는 인간의 사회적 행위가 베버가 말한 행위 유형으로 완전히 정확한 배타적 구분에 의해서 분류되는 것은 아니지만, 연구를 위해 이 개념들을 인위적으로 구분하여 사회적 행위의 특징을 그 의미를 중심으로 나누었다고 볼 수 있다. 쉽게 말해서 그는 인간의 다양한 사회적 행위의 특징을 설명할 수 있는 설명 모델을 만들었다고 할 수 있다.

지금까지 살펴본 고전사회학이론은 추후 이어지는 현대사회학이론에 많은 영향을 미쳤다. 특히 뒤르켐, 마르크스, 베버의 이론적 논의는 그 내용 자체가 현대사회의 분석에도 그대로 적용되는 시의적절함을 갖추고 있기도 한다. 따라서 현대사회 현상을 이해하기 위한 고전사회학이론의 고찰은 체계적인 사회 연구를 위해 필수적으로 이루어져야 하는 선행 학습 과정이라 할 수 있다.

2) 현대사회학이론의 범주

앞서 살펴본 고전사회학이론의 영향을 받은 수많은 현대사회학이론은 크게 네 가지 이론적 범주로 나눌 수 있다.

첫째, '구조기능주의' 이론은 거시적 접근법에 의해 논의된 이론으로 사회를 실재적 산물로 보고, 그 본질을 각 사회 하위 부분들 사이의 조화와 협동적 관계로 가정한다. 즉 한 사회의 질서와 안정을 유지시키는 도덕적 합의를 중요하게 생각하며, 질서유지가 사회의 정상상태라고 간주함으로써 유기체로서의 사회를 중요하게 여긴다. 이 관점에서 사회를 분석하는 학자는 사회가 안정적이고 체계적으로 구성되어 있다고 본다. 앞서 살펴본 고전사회학자 중에는 뒤르켐이 구조기능주의 이론에 영향을 끼쳤다고 볼 수 있다.

둘째, '갈등주의' 이론 역시 거시적 접근법에 의해 나타난 이론으로 사회는 그 자체로서 실체를 가지며, 사회의 본질을 경쟁과 갈등의 관계로 가정한다. 사회에는 이해관계를 달리하는 사람들만이 있을 뿐이며, 사회 각 부분들은 각자의 이익을 추구하기 위해 생존한다고 본다. 그리고 마치 그러한 모습이 자연스레 질서 있게 보이는 이유는 강자의 강제력 때문이라는 입장이다. 앞서 고찰한 고전사회학자 중 마르크스가 바로 이 갈등주의 이론에 많은 영향을 미쳤다고 볼 수 있다.

셋째, 교환이론은 미시적 접근법에 의해 나타난 이론으로 개인 행위의 본질을 교환이라고 상정함으로써 '보상, 효용'과 '손해, 비용'의 주고받는 관계에 주목한다. 즉 교환이론의 전제는 만약 어떤 관계가 유지되고 있다면 그 이유는 서로 보상을 주고 받는 관계이기 때문이라는 것이다. 그 보상과 이익의 교환관계를 통해 사회적 관계가 형성된다는 입장이다. 이 이론에 의하면 사람들은 교환을 통해 자신의 이익[효용, 보상]을 높이고, 처벌[비용, 손해]을 낮추려고 노력한다. 결국 교환관계에서의 권력은 사람과 사람 사이의 불평등한 교환관계를 의미한다. 사회에서 사람들은 필요한 정보에 자유롭게 접근하며, 모든 유용한 대안을 고려하여 이를 토대로 물질적 혜택을 극대화할 행위 과정을 합리적으로 선택한다. 인간은 항상 물질적 이득을 비교·검토하고, 대안적 의사결정을 추구하는데 드는 비용을 계산함으로써 가장 효용성이 높은 것을 선택하는 합리적인 행위가 실천되는 것이다.

넷째, 상징적 상호작용론은 사회를 미시적으로 바라보는 접근법으로서 개인이 부여한 의미가 지닌 본질에 주목한다. 앞서 언급한 교환이론과 달리 이 이론에서는 인간은 공유된 의미인 '상징'을 매개로 타인과 상호작용하여 이 관계들이 모여 사회현상이 나타난다고 논의한다. 사회관계에 접근하는 방식의 하나로 자아와 타자 사이의 상호작용 속에서 주고받는 공유된 의미의 중요성을 강조한 것이다. 또한 개인적 차원의 상호작용을 중시하여 사회세계를 해석하는 능력을 행위자가 가지고 있다고 가정한다. 즉 인간이 행동하기 이전에 정신 개입이 일어나는 과정을 '자극-반응' 모형 대신에 '자극-의미해석-반응[행동]'의 인간 행동모형으로 설명하고, 상호작용 과정에서의 인간 사고능력을 인정한다.

3

세계화의 특징과 지구적 영향력

세계화의 특징과 지구적 영향력 3

1) 세계화 개념과 세계화를 바라보는 관점

현대사회의 특징을 보여주는 대표적인 개념 중 하나가 바로 세계화(globalizaton)이다. 세계화는 엄밀히 말해 국제화(internationalization)라는 용어와는 개념상 차이가 있다. 국제화가 국가와 국가 간 교류가 확대되는 현상에 초점을 맞춘다면, 세계화는 국가적 차원을 초월해 다방면에서 이루어지는 지구촌 사회의 통합적인 현상을 일컫는 개념이다. 세계화는 시공간에 대한 인식의 변화를 전제로 연구가 진행되고 있다. 세계화 개념과 관련하여 여러 학자들이 개념 규정을 시도했다. 일찍이 말컴 워터스(Malcolm Waters)는 세계화에 대해 사회적, 문화적 제도에 대한 지리적 구속력이 약해지고, 사람들이 이러한 사실을 점점 많이 인식하게 되는 사회적 과정으로 보았으며, 제임스 미틀먼(James H. Mittelman)은 세계화를 한 국가의 경제, 정치, 문화, 사상 등이 다른 국가로 침투하는 과정이라고 설명했다. 데이비드 하비(David Harvey)와 앤서니 기든스(Anthony Giddens)는 세계화를 현대적인 사회생활 모습이 양적 교류의 확대를 넘어 새롭게 재구성됨으로써 세계적 범위의 사회생활 모습으로 새로운 삶의 영역이 형성되는 과정으로 보기도 했다.

이 같은 세계화 현상으로 인해 장기적으로는 국가 간 상호 의존 및 상호 연관성이 심화되고 있으며, 세계시민들은 통합 질서에 대한 필요성을 차츰 인식하게 되었다. 국가 간 밀접한 관계 형성이 진행되면서 그간 국민국가 단위의 삶의 범위에서는 경험하지 못했던 여러 가지 경쟁, 대립, 갈등 문제도 나타나고 있다. 여기서 말하는 국민국가는 명확하게 규정된 경계를 지닌 영역에 대해 정부가 권위와 권력을 행사하는 주권 국가를 의미한다. 지구촌 단위로 발생하는 여러 가지 사회현상은 기존의 국민국가의 위상이 흔들리는 현상을 촉발시켰다. 다른 한편에서는 세계경제에 대한 일부 선진국의 강력한 패권적 지배 역시 나타나고 있다. 선진국들이 자본의 힘과 기술 경쟁력의 우위를 통해 세계경제를 지배하고, 개발도상국, 후진국의 삶에 영향을 미치는 것이다.

이처럼 세계화는 사회환경의 구조적 특성과 구성원들의 대응 방식에 따라 통합과 분절이 동시에 일어나는 현상을 의미한다. 따라서 세계화 현상을 바라보는 관점 역시 다양하다. 그 관점들을 세 가지 범주로 나누어서 설명하면 다음과 같다.

첫째, 세계화 현상을 강하게 부정하는 관점이다. 이 관점은 현재 세계 속에 존재하고 있는 국민국가의 영향력과 국가 중심의 국제관계가 세계화를 경험한다고 해서 전혀 변화하고 있지 않다고 보는 입장이다. 이에 대해 사람들은 여전히 현재 국가 이외에는 자신들이 의지할 대상이 마땅히 없다는 것을 그 이유로 든다. 또한 세계화를 통해 국가 간 경계가 무너지는 것이 아니며, 각 국가의 영토가 위치한 지역 간에 군사적, 경제적 영역을 중심으로 구축된 활동 블록들이 지구촌 곳곳에서 공고하게 형성되어 있음을 증거로 제시한다. 특히 무역 블록화에 따른 지역화 과정을 언급하면서 세계화가 더 이상 진행되지 않고 있음을 주장한다. 유럽 국가들은 중요한 자원이나 기술 거래에 있어서는 자국 간 무역을 하며, 미국 역시 자원 관련 소비재를 제외하고는 자급자족이 가능하다는 점을 그 예로 들 수 있다.

둘째, 세계화는 현재 인류사에서 급속도로 진행되고 있는 현상으로 이제는 지구촌에서 국가 체제를 벗어난 완전히 새로운 상황이라고 주장하는 관점이다. 즉 이와 같은 세계화로 인해 경제적, 제도적 근간이 국경을 초월하여 무역과 생산의 흐름으로 이어지는 새로운 세계질서가 형성되고 있다는 입장을 취한다. 특히 시장경제체제의 확장을 통해 국가가 과거와 같은 영향력을 인간 개인에게 더 이상 발휘하지 못하고 있음을 증거로 든다. 세계화를 통해 초국적, 다국적 기업들은 더 이상 국가의 힘에 일방적인 영향을 받지 않는다. 이와 관련하여 세계화의 이념적 배경이기도 한 신(新)자유주의(neo-liberalism)는 1970년대 초 공공정책을 통한 시장 개입을 강조하는 케인스주의(Keynesism)의 주장이 약화되면서 더욱 강력해졌다. 케인스주의는 경제 순환과정에서 나타나는 경제공황의 원인이 유효수요의 부족에 있다고 본다. 존 케인스(John M. Keynes)는 수요가 가계지출이나 기업의 투자로 구성되기 때문에 이를 확보해주기 위한 국가의 정책적 개입이 필요하다는 입장을 보였다. 한편 '신자유주의'란 국가 권력의 시장 개입을 비판하고 시장의 기능과 민간의 자유로운 활동을 중시해야 한다는 이념이다. 이 이념적 가치는 오늘날 시장 중심의 경제체제를 옹호하면서 그 위력을 떨치고 있다. 신자유주의는 급속한 경제성장과 함께 지구촌 구성원들에게 물질적 풍요로움을 가져다주었으나, 반대로 국가 간 경제적 격차를 심화시키는 지구적 수준의 사회 불평등 문제를 야기했다.

셋째, 세계화로 인한 변화의 수준을 앞서 말한 두 가지 경우를 절충하는 입장에서 바라보는 변환론자들의 관점이다. 이 입장에 우호적인 태도를 보이는 데이비드 헬드(David Held)와 동료 연구자들은 저서인 『전 지구적 변환(Global Transformations)』에서 세계화 현상이 가지고 있는 광범위한 변화의 힘을 인정하면서 이는 일방적으로 관철되는 것이 아니라 수용 과정에서 조정되고 완화되어 결과적으로 제한적 영향력을 발휘하게 된다고 주장한다. 이들은 국가의 역할이 시대에 맞게 재구성되고, 그에 따른 변환된 복합적인 세계질서가 생성될 것으로 예상한다. 예를 들어 세계화는 개방 경제를 동력으로 지역과 민족을 넘어선 지구공동체적 정체성을 확산시킨다. 하지만 이러한 현상에 대한 반(反)작용으로서 문화적 토대에 대한 불안을 느낀 사회에서는 전통을 지키려는 근본주의 운동도 활발하게 일어나고 있다. 즉 일정 부분 과거 국가의 형태를 유지하면서, 새로운 정치경제 조직체로서의 금융시장의 발달과 기업, 사회운동, 국제기구, 문화 네트워크 등이 새롭게 구성, 운영되고 있는 경우도 있다.

이 같은 절충론적 입장은 결국 세계화와 지역화가 동시에 발생하는 소위 세계지역화 · 세방화(世方化)로 명명되는 '글로컬리제이션(glocalization)' 현상을 설명한다. 그 예로 지리적 근접성과 상호 보완적 경제구조를 기초로 한 경제 블록화나 종교적 차이로 인한 문명 간 충돌은 세계화가 결코 단일한 과정일 수가 없음을 보여준다. 이 관점은 세계화로 인한 여러 가지 사회변화의 발생 가능성을 폭넓게 열어두기 때문에 어떤 현상이든지 최소한의 설명력을 보장받을 수 있다.

2) 세계화의 확산 요인

앞선 언급한 바와 같이 세계화가 확산된다는 입장과 그렇지 않고 지역화가 진행되고 있다는 입장이 현재 여러 사회 분야에서 대치하고 있다. 그 중에서 세계화가 확산되고 있다는 입장에서 고찰한 세계화의 확산 요인을 크게 두 가지로 정리할 수 있다.

첫째, 세계화를 확산시킨 결정적인 요인은 정보통신기술을 중심으로 한 과학기술의 발달이라는 입장이다. 특히 정보통신기술의 발달로 경제활동에서의 전자 조직망과 상거래 시스템이 갖추어지면서 세계시장의 통합이 촉진되고 세계화의 네트워크 확대 현상이 나타나게 되었다고 본다. 좀 더 구체적으로는 과학기술을 통해 인간 활동을 위한 시공간의 간극이 줄어들었기 때문이라고 분석한다. 과학기술의 발달은 세계화와 함께 단일시장 형성을 추동했으며, 무역 장벽이 점차 사라지는 현상을 가속화시켰음에는 분명하다.

둘째, 세계화를 급진전시킨 중요한 요인으로 동유럽 사회주의권의 몰락과 함께 신자유주의 이데올로기를 기반으로 하는 자본주의 체제가 본격적으로 발달한 것을 그 이유로 들기도 한다. 신자유주의 이데올로기는 붕괴된 사회주의 국가들에게 경제 개혁과 대외 개발을 촉진하는 계기를 마련해주었다. 이 이념은 모든 경제활동에 대한 국가 간섭의 철폐와 자유 경쟁 실현, 이윤 극대화 추구, 시장원리 준수, 공기업의 민영화, 사회복지 부문의 공공예산 삭감 등을 주장한다.

3) 세계화의 범주와 영향

세계화의 양상은 다양한 종류로 나누어지며, 그 각각의 개념은 기계적으로 구분되는 개념이 아니라 실제로는 서로 영향력을 주고받는 관계라고 할 수 있다. 세계화의 특성을 중심으로 그 내용을 구분하는 구체적인 범주를 정리하면 다음과 같이 세 가지로 볼 수 있다.

첫째, '경제 및 자본의 세계화'이다. 세계화는 우선 경제적 수준에서 교역, 투자, 통신 등의 교류가 확대되어 국가 간 상호 의존적 관계가 증대하고 다자 간 협의, 조정, 협력이 강화되는 질서라고 할 수 있다. 경제 및 자본 영역의 세계화를 실질적으로 주도한 것은 초국적, 다국적 기업들이다. 초국적 기업(transnational corporation)은 본국을 기반으로 세계적 규모의 자본 축적을 위한 전략과 조직을 가진 기업으로 세계 곳곳에 국제적 규모의 생산 및 판매 거점 체계를 구축하여 이윤의 극대화를 추구한다. 다국적 기업(multinational corporation)은 한 국가에 본사를 두고 세계 각지에 자회사, 지사, 생산공장 등을 보유한 기업으로 범세계적 규모의 생산 및 판매 활동을 수행하여 전 세계를 상대로 기업 활동을 전개한다. 다국적 기업은 세계 어디에서나 똑같은 매장을 갖고 있고, 같은 제품을 판매하는 기업 전략을 펼친다.

이러한 기업들은 생산 부문을 전 지구적으로 재배치하는 새로운 국제분업 시대를 열었으며, 국경을 중심으로 한 시장경제의 한계를 무너뜨리기 시작했다. 이 국가의 영향력을 초월한 금융자본은 세계 무역 거래를 주도하고 있으며, 전 세계적인 연결망과 제휴 관계를 통해 시장에 많은 영향력을 끼치고 있다.

둘째, 세계화의 구체적인 범주로 '문화의 세계화'가 있다. 이제는 누구나 뉴스, 영화, 광고, 음악 등의 문화산업군을 통해 문화콘텐츠를 이용할 수 있게 되었다. 세계적으로 다양한 문화를 생산, 분배, 소비할 수 있는 산업 시스템이 갖추어진 것이다. 그리고 다른 한편에서는 선진국의 문화적 지배가 개발도상국에서 강화되는 현상도 함께 나타나고 있다. 문화의 세계화는 다양한 문화산업들이 세계시민들의 의식과 태도에 직접적으로 영향을 준다는 점에서 진지하게 생각해보아야 할 중요한 시대적 흐름이라고 할 수 있다. 특히 앞서 언급한 초국적, 다국적 기업의 등장은 지구적 수준의 광범위한 경제적 파급 효과 외에도 문화의 세계화까지 강력하게 유발함으로써 이를 생산, 소비하는 사람들의 의식적 정체성을 변화시키기도 했다.

경제 및 자본의 세계화와 문화의 세계화는 밀접한 관련이 있다. 인터넷 등의 발전으로 커뮤니케이션 수단이 다양화되고 전 세계가 단일문화권으로 이동되었으며, 국가를 초월한 세계적 규모의 기업들에 의해 진행된 자본의 독점화로 인해 표준화된 소비를 강요하는 문화상품들이 등장하게 되었다. 결국 동질화, 동형화로 이어지고 있는 문화 세계화 경향으로 인해 세계시민 개념이 탄생하고, 이는 다시 지구적 환경에서 세계시민이 지녀야 할 시민권에 대한 시대적 관심을 촉발하였다.

셋째, 세계화의 구체적인 한 범주로 '조직의 세계화'를 들 수 있다. 다양한 국제적 조직들은 시간이 지나면서 세계화 시대에 국가 간 갈등을 줄이는 역할을 하고 있다. 즉 각 국가가 관계를 맺으면서 충돌하게 되는 복잡한 이해관계를 중재해 줄 세계적 범위의 조직 활동이 필요해지고 있다. 세계적 수준에서 발생하는 문제들에 공동 대처하기 위해 현재 세계적 수준의 조직들은 중요한 역할을 하고 있다. 국제연합(UN), 국제통화기금(IMF), 세계무역기구(WTO) 등은 정부 간 국제기구 조직의 대표적인 예이며, 그린피스(Greenpeace) 등의 비정부기구 역시 세계화와 관련하여 중요한 역할을 하는 국제조직이라고 할 수 있다. 이 조직들은 초국적 지구촌 사회에서 발생하는 사회문제를 해결하기 위한 정책을 제시하면서 의사소통의 매개 역할을 한다.

세계화 현상은 일반 시민들의 일상생활에도 많은 영향을 끼쳤다. 특히 정보통신기술의 발달로 시공간의 제약을 넘어서 개인이 혼자 누릴 수 있는 다양한 삶의 기회들이 많이 생겼다. 이로 인한 개인주의 가치가 확산하여 지구적 수준에서 주체적 삶을 영위할 수 있는 더 많은 생활양식이 유입되었다. 그리고 그 과정에서 인간 개인의 선택사항이 다양해지고, 그 선택 행위 자체가 중요한 삶의 욕구가 되었다. 또한 세계적 수준에서 창조되는 문화상품의 영향으로 이미지와 스타일이 중요해졌으며, 더욱 발전하게 된 일부 문화산업으로 인해 소비유형이 표준화되기도 했다.

한편 세계화 때문에 지구촌에서는 각종 다양한 위험이 공존하게 되었는데, 환경 위험은 그 대표적인 현상이다. 기후변화로 인한 지구온난화, 빙하의 해빙, 바이러스 창궐로 인한 질병 확산, 먹거리의 위험 등 환경문제로 인해 파생되는 여러 가지 위험이 세계적으로 확산하고 있다. 그런데, 이 환경 문제의 해결을 위한 국제기준 설정에 있어서 각 국가 간 이해관계가 달라서 이에 대한 통일된 기준을 만들기가 어려우며, 지구촌 개발과 관련하여 선진국과 개발도상국의 서로 다른 입장 때문에 국가 간 갈등 현상도 발생하고 있다.

물론 지구촌 세계화로 인한 여러 가지 긍정적인 결과들도 함께 나타나고 있다. 공산품의 수출, 수입이 이전보다 활발해지면서 삶의 질에도 긍정적인 영향을 미치고 있다. 정치체제에서는 타국의 민주주의와 관련된 많은 정보를 일반 시민들이 접할 수 있게 되면서 세계 각 국가의 정치제도에 민주주의, 자유, 평화의 질서가 구체적인 모습으로 드러나고 있다.

4) 세계화의 불평등 구조

세계화를 추동한 신자유주의 사상으로 말미암아 자본의 이익을 우선시하는 세계적 범위의 가치가 확대되면서 국가라는 존재가 시장 중심 이데올로기의 공격을 받게 되어 다수 시민들의 공익을 위하는 국가 내 공적 장치 유지가 위험해지고 있다. 특히 이로 이해 지금까지 국가가 주도하여 그 피해를 완화시켜 온 불평등 문제는 최근 중요한 사회적 쟁점이 되고 있다. 우리가 흔히 말하는 전통적인 불평등 기제들은 계급, 인종, 성 불평등이다. 최근 세계화로 인해 이 부분들에서의 불평등 현상이 확산하고 있다는 주장이 제기되고 있다. 바이러스, 세균으로 인한 전염병 창궐, 식수문제, 기아(飢餓), 기근(饑饉) 등의 사회문제가 이를 대변한다. 많은 개발도상국, 후진국에서 전염병 발병률이 높아지고 있으며, 유아사망률 역시 선진국보다 여전히 훨씬 높다. 지구촌 수준에서 나타나는 이 불평등 구조는 대륙별, 국가별로 그 차이가 뚜렷하다.

특히 교육과 관련한 국가 간 불평등 현실은 심각하다. 교육은 세계의 불평등 현상을 가속화하는 역기능적 상황을 만들기도 한다. 교육은 경제성장에 기여하는 요소로서 교육을 받지 못하면 저임금, 저숙련 노동환경에 처해지기 쉽고, 시간이 지나면 곧 해당 사람들은 빈곤을 겪게 된다. 세계 대부분 국가들의 국민 교육수준은 높아지고 있지만, 선진국과 개발도상국 간 교육수준 차이는 여전히 크게 나타나고 있다. 선진국은 저소득 국가에 비해 국민총생산량에서 교육에 지출하는 비율이 높다. 개발도상국, 후진국에서 고등교육을 받는 청소년 수가 선진국에 비해 상대적으로 적은 이유는 이들이 학습해야 할 시기에 필요 이상의 노동에 관여하는 경우가 많기 때문이기도 하다. 사회적 무관심으로 발생하는 반인권적 아동노동은 빈곤의 대물림 현상으로 이어질 수 있기 때문에 주목해야 할 사회문제라 할 수 있다.

물론 세계국가 간 불평등 원리가 좁혀지고 있는지의 여부에 대해서는 학자마다 약간의 의견 차이를 보이고 있다. 일부 학자는 불평등의 간극이 좁혀지고 있다고 보는 반면, 일부에서는 더 벌어지고 있다고 보고 있다. 분명한 사실은 개발도상국과 후진국은 전면적인 시장개방에 대비하여 여러 가지 준비를 했음에도 불구하고, 세계적 수준의 전면 시장개방이라는 압력으로 인해 여러 가지 위험에 노출된 불안한 생활을 하고 있다는 점이다. 이제는 국가 간 활발한 의사소통과 공정함을 위한 국제적 수준의 제도적 합의가 필요한 시점임이 분명해 보인다.

5) 문화 세계화의 질서와 기업의 영향력

역사적으로 제국주의 시대가 끝난 이후 선진 강대국들은 군사적 방식 대신 정치적, 문화적 방식으로 세력권을 확장하고, 영향력을 확대하고자 노력했다. 특히 미국에 기반을 둔 초국적, 다국적 기업들이 서구적 삶의 방식과 가치관을 세계에 전파하는 권력화 현상이 명백하게 드러났다. 처음에 초국적, 다국적 기업들은 경제 영역을 지배했으나 차츰 세계 정책의 결정 과정과 노동력의 시장 분배, 자원 할당 등에 직접 개입하여 의사결정에 영향을 미치고 있다.

현재 경제, 자본, 문화의 세계화와 관련한 초국적, 다국적 기업들의 등장으로 문화상품의 생산과 유통 과정에서 '규모의 경제(economics of scale)' 질서가 작용하기 시작했다. 규모의 경제란 생산량이 늘어날수록 제품의 평균 생산비가 줄어들기 때문에 생산의 규모가 더 커질수록 이득이 늘어나는 현상을 의미한다. 문화상품은 원판을 제작하는 초판 제작비용 이후의 추가적인 생산에 소요되는 생산비가 저렴하고, 이를 제작하는 거대한 기업은 전 세계로 시장을 확대함으로써 이익을 극대화할 수 있다.

하지만 이 같은 규모의 경제 논리가 세계 곳곳에서 무조건 적용되지 않는 이유는 각 지역에 '문화적 할인(cultural discount)' 개념이 작용하기 때문이다. 문화적 할인이란 특정 국가에서 제작한 문화상품이 외국에 수용될 때 국가 간 문화적 차이 때문에 소비자들이 쉽게 동일시하기 어려운 상황이 발생하여 어느 정도 그 가치가 감소하는 현상을 의미한다. 즉 문화 수용 과정에서의 일정한 장벽이 형성되는 현상이다. 아무리 시장 규모가 작고 문화상품 생산력이 약한 국가라도 자국의 문화를 일정하게 생산할 수 있는 이유는 문화적 할인이 선진국의 규모의 경제 논리를 상쇄하는 힘으로 작용하기 때문이다. 따라서 초국적, 다국적 기업들은 문화상품의 콘셉트를 인간의 보편적 정서를 통해 전달하여 문화적 할인율을 최대한 낮춰 자신들의 문화적 메시지를 확산시키는 전략을 세우기도 한다.

세계화 현상으로 국제사회에서 발생하는 여러 가지 사회문제를 해결하기 위해서 최근에는 이들 거대 기업의 활동에 대해 일정 부분 규제가 필요하다는 목소리가 세계 곳곳에서 커지고 있다. 윤리경영, 기업윤리, 기업의 사회적 책임(Corporate Social Responsibility: CSR), 기업의 환경·사회·지배구조(Environmental, Social and Governance: ESG) 개선의 경영 원리 등은 결국 세계화 시대의 신자유주의 이념에서 비롯된 자본 및 시장 세계화의 폐해를 막기 위한 활동이라고 볼 수 있다.

6) 세계화의 미래와 전망 : 국민국가의 소멸과 유지

세계화 추세로 국제 노동력의 이동이 빈번해지면서 소수민족 문제가 세계적 쟁점이 되고 있다. 선진국은 앞서 말한 경제 및 자본의 세계화로 인한 노동력 부족 문제를 해결하기 위해 개발도상국, 후진국으로부터 이주 노동자를 적극적으로 영입하기 시작했다. 그리고 이들을 둘러싼 인권 문제가 정치적 쟁점으로 새롭게 떠올랐다. 외국인 노동자들의 인권 문제는 민족, 민족주의 개념을 잘 알고 있어야 이해할 수 있는 사회적 쟁점이며, 그와 관련된 제도적 노력을 통해 극복이 가능하다. 여기서 말하는 민족이란 객관적으로 언어, 지역, 혈연, 문화라는 요소를 공유하며, 주관적으로 민족 정체성을 가진 집단으로 정의된다. 그리고 민족주의는 민족의 자주성과 정체성을 확립하고 민족의 통합을 추구하는 정치적 이념 및 운동을 의미한다.

세계화로 인해 세계에 흩어진 다양한 민족들이 자본의 흐름 속에서 빠르게 여러 국가로 이주할 경우, 그 국가 내에 존재하는 소수민족은 원래 거주하고 있는 국민 사이에 존재하는 국가 내 전통적 문화에서 소외되기 쉽다. 이 소수민족 문제는 정치적으로 해결해야 하는 쟁점이기도 하며, 인권이라는 인간의 기본적인 권리에 대한 사람들의 정치적, 문화적 성찰을 요구하는 철학적 문제이기도 하다. 그런데, 세계화의 미래를 예측한 학자들 사이에서는 이 민족주의에 근거한 국민국가가 점차 약화될 것이라는 주장과 여전히 유지될 것이라는 주장이 상충하고 있다.

첫째, 세계화로 인해 국민국가 개념이 점차 약화되고 있다는 주장은 다음과 같다. 현대 국민국가는 정해진 경계의 영토에 대해 행정적 독점권을 유지하는 제도적 통치 형태를 띠며, 국내외의 폭력 수단에 대한 직접적인 통제권을 법에 의해 보장받는다. 그런데, 세계화의 영향으로 초국적 자본이나 정치기구들이 증가하면서 기존의 국민국가의 주권에 그들이 미치는 영향력에 주목할 필요가 있다. 즉 이 관점은 국가를 초월한 거대 자본에 의해 생산되는 여러 가지 상품, 서비스의 급속한 이동으로 말미암아 국민국가의 경계가 흐려질 것이며, 따라서 기존 국민국가의 유일한 권력기관으로서 국가가 지닌 지위가 상실될 수 있다고 주장한다.

둘째, 반대로 미래 사회에도 국민국가는 굳건하게 존속되리라고 보는 관점이다. 이들은 지금도 국민국가가 대규모 전쟁을 수시로 반복하고 있으며, 군사적, 시장적 의사소통 체계를 유지할 다양한 사회 하부구조를 이미 형성해놓고 있다는 사실을 증거로 내세운다. 그리고 현재 상황에서는 세계국가 간 분열, 경쟁, 대립이 심화되었을 때 오히려 국가 내 구성원들의 이익을 보호해줄 국민국가의 위상이 강화될 수도 있다고 주장한다. 정치적 민주주의가 재생산되는 영역에서 국민의 여러 가지 권리가 보장되고 있으며, 국가 단위 경제개발 계획이 여전히 추진되고 있기 때문에 국민국가가 쉽게 약화되지 않을 것이라는 것이다.

현재 지구적, 지역적 조직과 주권 국가 및 지방정부, 기타 조직들이 서로 상호 경쟁하는 체제의 세계가 도래하기 시작했다. 이와 동시에 세계 곳곳에서 영토 간 거리가 근접한 지역 간 연대와 협력이 이루어지고 있기도 하다. 이처럼 현대사회에서는 융합적 사회 변화 현상이 함께 나타나기 시작한 것이다. 어떤 한 국가의 영토가 침해당하면 우방국이 이를 도와주기도 하고, 경제적으로 힘들어지면 다양한 자원을 지원해주기도 한다. 또한 영토의 위치상 이웃 국가가 환경문제에 노출되면 함께 협력하여 이를 극복하기 위해 같이 노력하기도 한다. 군사적, 경제적, 환경적으로 서로 도움을 주고 받는 세계화, 지역화 경향의 융합 현상은 현재 나타나고 있는 상호 관계성에 기반을 둔 지구촌 문화의 특성을 잘 보여준다고 할 수 있다.

4

문화와 문화산업

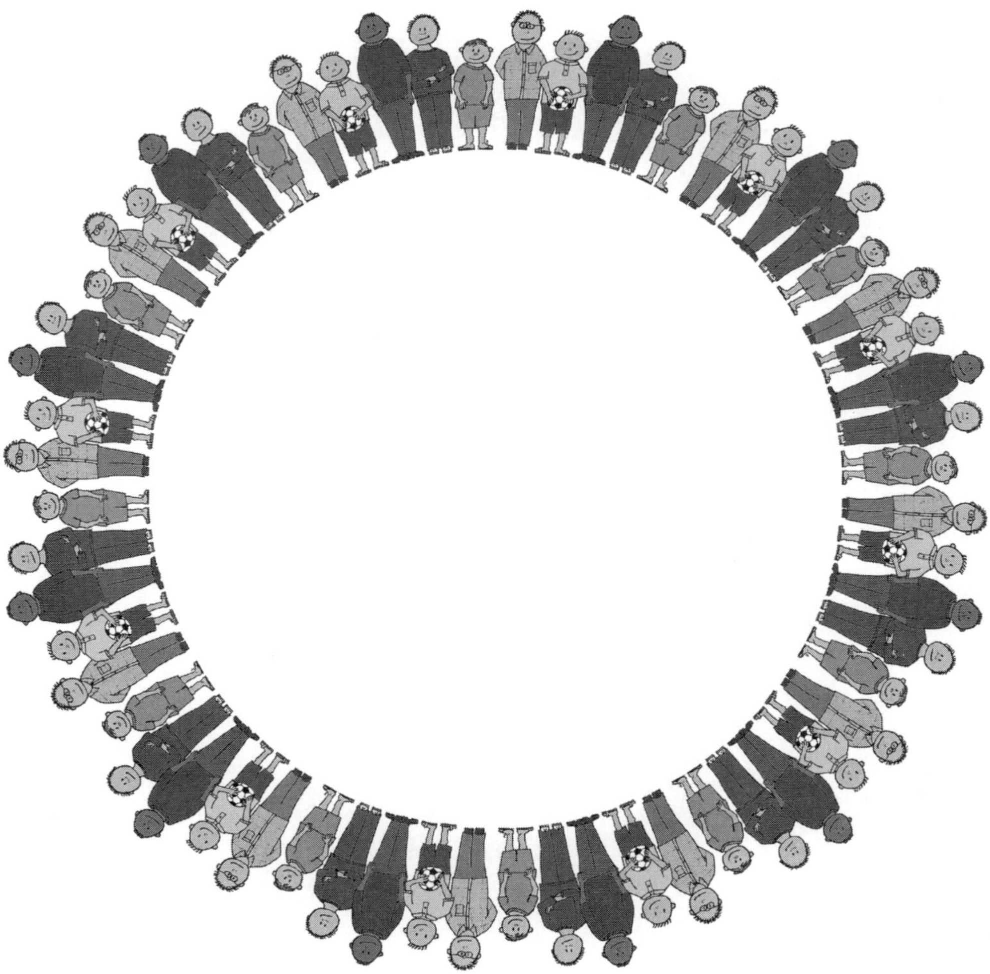

문화와 문화산업 4

1) 문화의 개념과 범주

인간은 누구나 태어나 사회와 관계를 맺으면서 생활하게 된다. 사회구조와 행위자로서의 인간 사이에는 다양한 문화가 존재한다. 그리고 그 문화에 따라 인간 개개인의 태도, 행동, 가치관 등이 달라지기도 한다. 오늘날의 문화는 역사적으로 많은 연구 과정과 다양한 변천 과정을 거쳐 정착된 복잡다단한 개념이다. 교양으로서의 계급적 가치가 내재되었던 문화 개념으로부터, 생활양식의 총체로서 명명된 포괄적 개념의 문화에 대한 논의를 거쳐, 의사소통 수단으로서의 문화 개념의 정립에 이르기까지 그 각각의 연구 단계와 개념의 변천 과정은 복잡다단하다.

사회과학 분야에서 문화는 다양한 의미로 연구되었다. 상황이나 맥락에 따라 다양한 의미를 지니고 사용되고 있는 문화의 특성을 명확하게 정의하는 것은 어렵다. 일반적으로 문화는 '한 사회의 구성원인 인간이 지식, 신념, 예술, 도덕, 법률, 관습 등과 같이 후천적인 학습을 통해서 갖게 되는 모든 생활양식'을 의미한다. 하지만 이 정의 역시 문화의 한정된 내용을 담고 있다. 지금까지 사회학에서는 수없이 다양한 관점에서 문화를 주제로 한 연구가 꾸준하게 지속되어왔다.

문화 개념 연구는 항상 인간, 사회에 대한 논의와 함께 존재해 왔으며, 그것은 인류가 만든 고전적 유산의 일부이기도 하다. 문화라는 용어는 영어권에서는 '경작, 양육하다'라는 의미를 내포하고 있으며, 이 개념이 점차 인간 정신과 관련된 추상적인 형태를 띠게 된 시기는 16세기경으로 추정된다. 인간의 정신 가운데 세련되고 일정한 유형을 지닌 정제된 의식을 지칭했다고 볼 수 있다. 돌이켜보면 본격적인 근대 사회의 등장과 함께 문화 연구는 다양한 주제로 학문적 논의가 진행되어오기도 했다.

사회학 분야에서 수없이 연구되어 온 문화의 개념은 크게 세 가지 범주로 정리할 수 있다. 문화의 첫 번째 개념 범주는 '교양'의 개념이다. 문화 개념은 현대사회에서 일반적으로 통용되고 있는 의미로 해석했을 때 계급 개념이 내재한 상태에서 연구가 시작되었다고 볼 수 있다. 이와 관련하여 레이먼드 윌리엄스(Raymond Williams)는 시대가 변화함에 따라 문화 개념에는 점차 고급스럽고 교양 있는 지배계급적인 의미가 내포하게 되었으며, 더 나아가 음악, 문학, 회화, 조각, 연극, 철학, 역사 개념이 더해짐으로써 그 의미 개념이 점차 확장되었다고 보았다. 하지만 이러한 문화 개념 연구로 말미암아 결국 고급, 저급 문화의 계급 문화적 갈등을 유발하여 소위 사회 하위계급은 질적으로 낮은 문화를 누리게 된다는 논리가 성립하게 되었다. 즉 일반대중은 세련되고 순화된 인간 정신을 함양하지 못하고 있다는 사회적 인식이 확산되었으며, 현재에도 이 같은 사고가 인간 심리에 일부 내재해있다.

더 나아가 이러한 문화에 대한 개념 정의는 사회가 수많은 집단의 다양한 문화로 구성되어 있지만, 그 공통된 질서를 규정하는 문화적 특징은 결국 엘리트적인 문화에 의해서 정해질 가능성이 높다는 관점으로 이어지게 된다. 또한 문화는 소수에 의해 유지되어 온 것이며, 공통된 문화적 가치를 지키는 상위계급의 소명과 역할이 강조되기도 한다. 하지만 일정 시간이 지난 후 이러한 관점은 소위 문명화, 서구화를 전제로 하는 계몽주의의 영향으로 비판을 받기에 이르렀으며, 사람들은 더욱 광범위한 문화의 다양성을 인정하려는 노력들을 경주하게 되었다.

문화의 두 번째 개념은 문화를 생활양식으로서 바라본다. 이 관점을 취하는 학자들은 당시 사회에서 기존의 교양 있는 사람들이 추구하는 사회적 선이라는 문화 개념이 인간 삶의 총체적 방식(a whole way of life)이라는 의미로 확대되어 해석될 수 있다고 얘기한다. 이는 물질적, 비물질적인 것을 막론하고 모두 문화가 될 수 있다는 포괄적 개념으로서의 문화에 대한 인식임을 알 수 있게 한다. 즉 사회 상위계층의 교양 있는 문화를 문화 개념으로 한정 짓는 것에서 벗어나 다양한 계층의 문화를 인정함으로써 문화의 존재가치가 본격적으로 발현하기 시작했다고 볼 수 있다. 삶의 총체적 양식으로서 문화가 가진 다양성과 관련한 개념 연구는 현재 문화적 특징을 연구하는 데 중요하게 활용되고 있다. 왜냐하면 이 포괄적 의미의 문화 개념이 최근 포스트모더니즘 시대의 문화가 지닌 의미를 탄생시켰다고 해도 과언이 아니기 때문이다. 모더니즘적 가치에 의해 이분법적으로 구분된 고급문화와 대중문화 간 경계를 전복시키는 새로운 절충주의의 가능성이 제시된 것이다.

세 번째 문화 개념에서는 소통을 위한 수단으로서 문화의 본질을 파악한다. 문화를 어떤 의미 체계의 해석에 필요한 기호, 상징, 신화, 관례, 습관으로 이루어진 복잡한 구성물로 이해하는 것이다. 문화 행위는 구체적인 개념(conception)과 표상(representations)에 대한 복합적인 반응일 수 있다. 현대사회에는 의미 있는 행위 간 복잡한 의사소통망이 존재한다. 현대문화의 두드러진 특징 중 하나가 사회환경의 관계망 속에서 사람들이 스스로 정체성을 한정하여 내재화하려고 시도한다는 사실이다. 자유롭게 상호작용하고 의사소통하는 과정에서 사람들은 자신들의 공동가치인 생활방식과 신념, 지향점들을 구성해나간다. 한 문화는 외계 환경에 의미를 부여하기도 하고, 이해가능한 다양한 행위를 통해 그 의미를 해석하고 스스로 개념을 규정하기도 한다. 주체적이고 능동적인 사회구성원의 행위와 이를 보편적으로 해석할 수 있는 문화 개념, 그리고 다양한 맥락 등의 문화적 기호와 상징이 합쳐질 때 한 사회의 의사소통 행위가 완성된다.

이처럼 다양하게 해석되는 문화 개념들은 가치, 규범, 상징의 형태로 구체화되어 사회구성원들에게 영향을 미친다. 여기서 말하는 가치는 사람들이 갖고 있는 옳고 그름에 대한 평가 기준이나 신념, 그리고 행동을 지배하는 중요한 감정 체계를 의미한다. 또한 규범은 한 사회 내 구성원들이 각각의 가치들에 근거하여 옳고 그른 것에 대해 체계화한 행위 규칙을 의미한다. 상징은 사람들이 공유하는 의미로서 어떤 사물이나 상황의 성질, 사람들의 생각을 나타내는 구체적인 표시를 의미한다. 이러한 다양한 문화 개념의 범주 속에서 인간은 사회적 관계를 맺으며 상호작용한다. 역사적으로 인간은 문화를 통해 다른 사람들과 그들의 행위에 각각 의미를 부여하고 해석했으며, 상호작용을 통해 사회질서를 유지하는 활동을 지속해왔다고 할 수 있다.

2) 문화의 속성과 기능

문화 개념은 다양한 방식으로 존재해 왔다. 한 사회의 문화는 시공간을 이루는 생활양식의 총체로서 다음과 같은 공통의 속성을 지닌다.

첫째, '공유성'이다. 문화는 한 사회의 구성원들에게 공통적으로 나타나는 언어, 관습 등과 같이 사람들 사이에서 공유된다. 예를 들어 언어는 문화가 가진 공유성을 잘 나타내고 있다. 인간은 다른 사람과의 소통을 위해 언어를 사용하게 되는데, 공통된 언어코드를 공유하지 않으면 의사소통이 불가능하다. 문화의 공유성을 나타내는 또 하나의 예로 유머 코드가 있다.

우리는 서양의 국가와 우리의 유머 코드가 맞지 않아서 일부 서구 코미디 영화에서의 재미있는 농담이 섞인 대화를 이해하지 못하는 경우를 한번은 경험한 적이 있을 것이다.

둘째, 문화의 '학습성'이다. 인간은 동물과 다르게 성장을 하면서 가정, 학교, 또래집단, 매스미디어 등을 통해 사회화 과정을 거치고, 이 과정에서 문화를 자연스럽게 배운다. 인간으로서 갖추어야 할 예의, 지켜야 할 규범 등은 인간이 후천적으로 학습하게 되는 문화라고 볼 수 있다.

셋째, 문화의 '축적성'과 '변동성'이다. 문화는 다양한 기록을 통해 지속적으로 적층되면서 새로운 문화와 결합하여 일정 부분 변화하게 된다. 과거의 문화가 일방적으로 축적되는 것은 아니며, 축적과 동시에 시간적 흐름에 따라 새롭고 창의적인 문화로 변화한다. 예를 들어 다양한 영화, 대중음악 등의 변형된 표현 기법은 바로 여러 가지 문화적 산물들이 과거로부터 이어져 축적되는 동시에 새롭게 변화하고 있음을 잘 보여준다.

한편 문화는 인간과 사회환경 간 관계 속에서 존재하면서 인간 생활에 다양한 긍정적 기능을 수행한다. 문화의 이러한 기능은 인간의 존속과 관련하여 중요하게 작용한다. 문화의 기능을 정리하면 크게 네 가지 정도로 요약 가능하다.

첫째, 문화는 인간이 특정 환경에 적응하도록 돕는다. 문화는 인간이 생존 문제를 해결하기 위해 주어진 환경에 적응하고 대처하는 과정에서 중요한 기능을 한다. 예를 들어 우리가 매우 덥거나 추운 여행지에서 갑자기 생활하게 될 때, 그 상황에 맞는 의복과 집을 구하게 되는데, 이러한 능동적 행동은 환경에 적응하려는 문화적 기능이라고 할 수 있다. 인간은 그러한 환경과 상황에서 어떻게 생존해야 할지와 관련하여 적응을 위한 문화를 이미 학습한 것이다. 인간은 문화를 매개로 환경에 적응하고, 여러 가지 제약을 극복한다.

둘째, 문화는 사회집단이 지속적으로 유지되도록 돕는다. 구체적으로 살펴보면 문화는 사회가 존속되도록 인간이 이행해야 할 기본 역량을 가르친다. 어린이를 가르치는 방법, 갈등이 생겼을 때 화해하는 방법, 어려운 일을 당했을 때 협력하는 방법 등 한 사회가 기본적으로 유지, 지속되기 위해 필요한 행위 유형을 알려준다.

셋째, 문화는 지식을 제공하고 축적하는 기능을 한다. 문화는 우리의 일상생활 속에서 활용할 수 있는 다양한 지식을 언어나 문자, 경험을 통해 축적한다. 인간은 직접적 경험뿐만 아니라 언어, 영상 등의 간접적 매개체를 통해 지식을 학습하면서 관련 정보를 삶의 지혜로 적층한다.

넷째, 문화는 인간의 심리적 욕구를 충족시키는 기능을 한다. 인간에게는 생존을 위한 본능적 욕구뿐만 아니라 여러 가지 내재적 욕구들이 있다. 음식을 먹는 행위, 잠자는 행위 등 생존을 위한 기본적인 본능적 욕구 외에도 음악, 미술 등의 다양한 예술 활동이나 체육 활동 등 개인의 삶의 질을 풍부하게 해주는 문화 활동에 대한 심리적 욕구도 있다. 이 같은 인간의 감정적 욕구는 문화를 통해 보상받게 되고 이를 통해 심리적인 위안과 안정을 얻는다.

3) 문화를 바라보는 시각과 태도

(1) 문화의 보편성과 다양성

대부분의 문화는 결국 인간이 만들어 낸 것이기 때문에 인간 삶에 필요한 가치를 제공해주는 '보편성'이라는 특성을 지닌다. 아무리 다양한 문화를 창조한다고 해도 문화는 인간의 생물학적 토대에서 만들어진다. 문화는 인간이 생활하는 일정한 자연환경과 사회환경 범위 내에서 유형화되고 창조된다. 따라서 인간이 제각기 주어진 사회구조적 조건에 적응하면서 공통의 생활문화를 영위해 가는 동안 여러 가지 행위 양식이 정해진다.

반면 문화는 '특수성' 역시 지니고 있다. 같은 인간이 창조한 문화라 하더라도 다양한 인종, 민족, 성(性)이 지닌 생물학적, 유전적 특징이 다르기 때문에 문화를 만들고 전파, 수렴하는 과정에서 차이가 생길 수 있다. 더불어 문화는 전통의 계승 과정에서 사회적 환경 변화를 선택적으로 수용하고 재창조하는 등 개혁과 혁신, 문화적 접촉 등을 거치면서 세대에서 세대로 이어져 내려온다. 따라서 여러 세대를 거쳐 살아온 특정 사회구성원들의 역사적 경험이나 교류 양식 역시 다르기 때문에 인간은 같은 문화라고 하더라도 다른 방식으로 지각하면서 상이한 행동을 할 수도 있다.

(2) 문화진화론과 문화상대주의 이론

문화진화론적 관점은 생물학에서의 진화 원리가 사회에 그대로 적용되며, 사회는 야만 상태에서 문명 상태로 단선적으로 진보한다는 입장이다. 일찍이 사회진화론자인 허버트 스펜서(Herbert Spencer)는 사회가 단일한 성격의 강압적 이데올로기가 지배하는 '군사형 사회'에서 복잡다양한 이해관계로 구성되고 개인의 자유가 중시되는 '산업형 사회'로 진화한다고 주장하기도 했다.

문화진화론은 제국주의적 사고에 기반을 둔 선진국의 후진국에 대한 차별 및 지배의 논거로 제시되기도 했다. 사회의 바람직한 발전 방향을 서구 중심의 문화로 기준을 설정하고, 양육강식 개념을 사회의 문화에 도입하여 더 진화한 서구 선진국이 덜 진화한 후진국을 지배할 수 있다는 이론적 논리로 종종 활용되었다. 일부 서구 선진국들은 문화진화론에 근거한 자민족중심주의를 통해 개발도상국의 문화를 자국 중심의 문화로 바꾸려 하기도 했다.

그러던 중 여러 학문 분야에서 문화진화론에 대한 인류학적 비판이 나타났다. 모든 사회의 발전이 똑같은 역사 단계를 통해 단선적 과정을 밟는다는 단정은 서구의 자민족중심주의와 물질주의 발전에 대한 인식적 편향으로 이어지기도 했다. 서구와 다른 형태의 문화적 모습을 가진 개발도상국이나 후진국이 서구보다 꼭 덜 진화한 문화를 가졌다고 볼 수는 없다.

문화진화론과 상반되는 이론적 내용을 주장한 문화상대주의 이론은 단선적 발전 과정을 가정한 문화진화론과 다른 관점에서 문화를 연구했다. 이 이론은 지역마다 특징적으로 존재하는 문화의 다양성을 인정하며, 서로 다른 지역문화의 현지 조사연구에 내포된 가치를 지지하는 자들의 기본 태도로 작용한다. 즉 모든 지역사회의 문화는 그 자체의 독특성과 다름에 의미가 있으므로 이는 학술적으로 꼭 연구할 필요가 있다고 주장한다. 이와 관련하여 제2차 세계대전 이후 프란츠 보아스(Franz U. Boas)와 그의 제자들을 중심으로 문화상대론, 역사개별론을 주장하기에 이른다. 이 문화 연구 관점에서는 각 사회의 문화는 인간과 환경의 관계나 이주 경험, 인접한 타 문화로부터의 영향 등 각기 다른 나름대로의 고유한 역사가 쌓여 형성된 것이라고 본다. 따라서 각 사회에서 나타나는 문화를 단순히 진화의 도식으로 바라볼 수 없다고 주장한다. 즉 문화에 내재한 '복수성(複數性)'과 '대등성(對等性)'을 인정한다. 모든 사회에서는 가장 발전한 하나의 문화만 있는 것이 아니라 두 개 이상의 의미 있는 문화가 존재할 수 있으며, 이 문화들은 가치의 우열을 가릴 수 없이 모두 대등한 의미를 지닌다고 강조한 것이다. 이처럼 문화상대주의는 모든 관습에 내재한 전통에 대해서 관용적인 태도를 취할 필요가 있다고 본다.

하지만 이 문화상대론 역시 이론적 약점으로 인해 비판을 받고 있다. 첫째, 개별사회의 독자성을 강조하는 문화상대주의 이론의 관점에서는 다른 지역과의 비교연구가 어렵다는 지적이 있다. 단일한 평가기준을 통해서 서로 다른 시간과 장소에서 나타나는 문화적 실체 간 우열을 가려야 되는 경우의 연구들도 많기 때문이다. 둘째, 문화의 다양성으로 인해 자리 잡은 한 지역의 독특한 문화가 현재의 보편적 가치에 입각했을 때 비윤리적인 문화일 경우가 있다. 이럴 경우 '다양성'과 '윤리'의 상충 문제로 인해 사람들이 그 문화적 특성을 어떤 시각으로 바라보아야 하는지에 대한 사회적 논쟁이 불거질 수 있다.

4) 다문화주의의 개념과 전개 과정

세계화의 영향으로 다양한 인종과 민족들이 자유롭게 이동하게 되면서 다문화주의에 대한 사회적 관심이 증가하고 있다. '다문화주의(multiculturalism)'는 다양한 문화의 공존을 추구함은 물론, 서로 다른 집단들이 평등한 위치에서 서로의 차이를 인정하는 사상, 운동, 정책을 총칭한다. 다문화주의는 한 국가 또는 사회 내에 여러 개의 문화가 공존하는 인종적, 문화적 다양성과 특수성을 설명할 때 사용된다. 즉 다문화주의는 한 사회 내 다양한 인종 집단들의 문화를 강제적인 단일 문화로 통합하지 않고 서로 인정하고 존중하는 사회적 가치를 선호하는 개념이다. 이와 관련하여 찰스 테일러(Charles M. Taylor)는 다문화주의에 대해서 문화적 다수 집단이 소수집단을 동등한 가치를 지닌 집단으로 인정하는 승인의 정치 과정으로 개념화하기도 한다.

다문화주의는 소수집단의 문화적 특징에 대한 존중과 함께 그러한 소수의 집단문화에 특정 권리를 부여해야 한다는 삶의 태도에 기반을 두고 있다. 현재 다문화주의에 대한 여러 치열한 논의는 결국 새로운 사회정책의 필요성을 역설한다. 그 정책들이 만들어지고 실천으로 옮겨지기 위해서는 특정 사회의 지배적인 문화의 억압으로 실현되지 못한 소수집단의 문화적 차이를 포용할 수 있는 감수성 배양이 선행되어야 한다. 단 그 문화적 차이의 인정에 전제되는 것은 사회구성원들이 합의한 윤리적 타당성의 확보임을 잊어서도 안 된다.

다문화사회는 다음과 같은 단계별 전개 과정을 거친다. 첫째, 다문화사회로의 진입단계이다. 이 단계는 전체 인구 구성에서 외국인이 차지하는 비율이 증가하는 시점이다. 동질적인 사회에 타문화가 유입되면서 사회구성원들 사이에 혼란이 발생하고, 사회심리적 측면에서의 차별적 태도가 유발되며, 가치관의 차이로 인해 규범의식의 내재화 과정에 갈등이 나타나는 시기이다. 둘째, 다문화사회로의 이행단계이다. 이 단계는 이주민들의 체류 기간이 점차 늘어나면서 가족 및 공동체를 본격적으로 형성하기 시작하는 시기이다. 점진적으로 다문화가정이 구성되며, 가정 내 문화 차이로 인해 여러 가지 갈등 역시 함께 발생하기 시작한다. 또한 다문화가정의 기본권과 관련한 사회적 쟁점들이 본격적으로 공론화되기 시작한다. 셋째, 다문화사회로의 정착단계이다. 이 단계는 다문화가정에서 성장한 자녀들이 성인이 되어 안정적인 이주민 공동체가 재생산되고, 주류사회와의 본격적인 문화 간 의사소통이 일어나는 시기이다. 또한 다문화 관련 정책들이 구체적으로 구성되고 실행되는 시점이라고 할 수 있다.

5) 현대사회의 주목할 만한 문화연구자

지금까지 수많은 문화사회학자들이 문화와 관련한 사회현상을 연구해왔으며, 몇몇 이론가들의 연구 결과에서는 현재 우리 사회를 알기 쉽게 분석할 수 있는 근거를 제시하기도 한다. 우리의 일상생활에서 접할 수 있는 문화현상을 이론적으로 분석한 주요 문화사회학자들을 살펴보면 다음과 같다. 이들의 이론 연구 성과들은 현재 여러 문화사회학 연구의 기초 개념으로 활용되고 있다.

첫째, 피에르 부르디외(Pierre Bourdieu)는 일찍이 프랑스 사회의 다양한 문화상품 소비를 조사하여 고급문화는 상층계급을 기반으로 형성되는 문화이며, 대중문화는 상층계급이 아닌 대중을 기반으로 성립되는 문화임을 논했다. 그는 고급문화와 대중문화의 차이는 계급적 지위에 의해 나타나며, 고급문화와 대중문화에 대한 가치 판단은 해당 문화가 지닌 질적 우수성이나 특수성이 아니라 사회 권력에 의해 임의적으로 결정된다고 보았다.

또한 부르디외는 '아비투스(habitus)'라는 개념을 활용하여 문화적 행동의 본질을 파악했다. 그는 일상생활에서 개개인의 취향이라고 불리는 것들이 사실은 계급적 지위에 의해 내재화된 아비투스가 발현되는 것으로 보았다. 아비투스는 인간이 취하는 일정 방식의 행동 인지 및 판단 등의 성향 체계로서 개인의 역사 속에서 체화된 구조적인 양면적 문화 메커니즘을 의미한다. 아비투스는 역사적, 사회적으로 위치 지워진 조건에 의해 정해지지만, 새로운 형식과 행동 역시 허용한다는 점에서 복합적 특징을 지니고 있다. 쉽게 이야기해서 아비투스는 사회문화적 환경에 의해 결정되는 나와 타인을 구별 짓는 취향, 구조화된 습관 등을 총체적으로 일컫는다. 그런데 이 개념은 단순한 습관의 개념 정의와는 구별된다. 왜냐하면 아비투스는 순수한 개인의 의지만으로 나타나는 것이 아니라 자신이 속한 계급, 자신이 상호작용하는 사람과의 관계, 자신이 꾸준히 즐기는 문화 활동 등이 복합적으로 얽혀 형성되기 때문이다.

한편 부르디외는 고전사회학자인 마르크스와는 달리 자본을 경제적 논의에 국한하여 연구하지는 않았다. 그는 자본을 인간이 사회적 경쟁 수단으로 활용할 수 있는 모든 에너지로 보고 사회적 갈등 관계를 문화자본 개념을 통해 연구했다. 간단히 말해 '문화자본(cultural capital)'은 문화를 향유할 수 있는 능력을 의미하며, 한 개인에게 더 높은 사회적 지위를 가져다 줄 수 있는 지식, 소양, 기술, 교육, 취미 등을 총칭한다. 이 문화자본을 획득하기 위해서는 일정한 시간의 개인별 투자가 요구된다. 한편 부르디외가 제시한 문화자본의 범주는 인간이 배우는 개인 역량뿐만 아니라 그림, 책 등의 객체화된 사물이나 졸업장과 같은 제도화된 상태까지 포함한다. 부르디외의 이론에 의하면 우리 주변에서 높은 사회적 지위에 있는 사람들은 이 문화자본을 타인에게 표현하면서 그들과 자신의 삶의 수준이 다름을 '구별짓기'를 통해 인식시키는 행동을 보이기도 한다.

둘째, 미하이 칙센트미하이(Mihaly Csikszentmihalyi)의 '몰입(flow)' 이론은 문화 학습 과정에서 나타나는 인간의 심리적 현상에 주목한다. 그는 사람들의 문화생활 과정에서 나타나는 몰입의 심리적 행동에 주목했으며, '도전(challenge)'과 '기술(skill)'이 결합하여 균형을 이룰 때 사람들이 몰입한다고 보았다. 이는 배움과 창조성의 원동력이 되며, 결국 문화 함양 과정에 있어서 중요한 요소로 작용한다. 예를 들어 어떤 과제를 수행할 때, 해당 과제의 난이도가 너무 쉽거나 또는 지나치게 어려워서 도전하고자 하는 욕구가 생기지 않으면, 과제를 해야 하는 사람은 그 과업에 몰입하기가 어렵다. 더불어 어떤 과업을 수행하는데 필요한 지식과 기술 등을 자신이 전혀 보유하고 있지 않은 경우에도 사람들이 몰입하지 못하고 쉽게 포기하게 되는 현상이 나타난다.

셋째, 소스타인 베블런(Thorstein B. Veblen)은 자신의 저서인 『유한계급론(有閑階級論, The Theory of the Leisure Class)』에서 '과시적 소비' 현상에 대해 설명한다. 유한계급, 즉 한가로움을 즐길 수 있는 여유 있는 삶의 기회를 보장받는 사회계급의 사람들은 상품이나 서비스를 단순하게 사용할 목적으로 소비하는 것뿐만 아니라 남들에게 과시하려는 목적으로 소비하는 경우도 있다고 밝혔다. 그리고 이 문화 행위가 사회적 지위를 유지하는 수단이 되기도 한다고 보았다. 소위 말하는 과시적 소비 현상은 앞서 부르디외의 문화자본 이론에서의 '구별짓기'의 행위적 특성과도 연계하여 생각해볼 수 있다. 예를 들어 우리 사회의 명품 소비 등의 문화현상을 이 개념이 잘 설명해준다.

넷째, 장 보드리야르(Jean Baudrillard)는 포스트모더니즘 사회이론을 통해 현시대의 특징으로 '기호와 이미지'가 소비되는 문화가 주도하고 있다고 주장했다. 그는 사회를 이끄는 이 문화적 개념을 '시뮬라시옹(simulation)'의 개념을 통해 밝혔다. 시뮬라시옹은 실제로 존재하지 않지만 마치 존재하는 것처럼 보이며, 때로는 존재하는 것보다 더 생생하게 인식되는 복제물을 의미한다. 예를 들어 현대사회의 문화 중 일부는 실제로 존재하는 사람들이나 장소가 아니라 매체에 의해 형성된 가상 세계에 의해 나타날 수도 있다. 현재의 사이버공간의 문화현상은 이를 잘 나타내준다.

다섯째, 발터 벤야민(Walter Benjamin)은 현대사회의 '기술 복제 시대의 예술'의 특징을 분석했다. 그는 기술 복제의 중요한 효과는 예술에 감도는 엘리트주의적 기풍을 타파하게 되는 것이라고 보았다. 즉 기술 복제 사회에 이르러 문화, 예술작품이 지닌 아우라(aura)의 상실 시대가 왔다고 논했다. 여기서 말하는 아우라는 예술작품 자체에서 느껴지는 독특한 품위, 품격, 분위기를 총칭한다. 과거 예술이 주술적, 신비적 기능을 지닌 것이었다면 현재의 기술 복제 시대의 예술은 상품적, 전시적 가치를 지니게 되었다고 보았다. 이처럼 예술작품에 대한 복제 기술은 대중의 예술에 대한 비판적 수용의 가능성을 열어 주었다. 과거 사회 상위계층만이 체험할 수 있었던 예술작품을 일반 대중들도 복제품을 통해 접할 수 있는 기회가 많이 생겼기 때문이다.

6) 문화산업의 특징 : 대중문화의 생산과 소비

문화산업을 통해 판매, 소비되는 상품과 서비스는 인간의 정신과 연관된 사회적 구성물이다. 따라서 일반 상품과는 다르게 사회적 효과가 클 수밖에 없다. 예를 들어 대중문화는 최대 이윤을 추구하고자 하는 경제논리와 통제를 목적으로 하는 정치논리가 함께 작용하여 구체화된다. 자본의 입장에서 대중들을 대상으로 하는 문화산업의 경제적 성공이 실현되기 어려운 이유는 다른 상품에 비해 시장의 반응을 예측하기가 어렵기 때문이다.

문화산업은 다 만들어진 완성품 형태로 대중에게 다가가기 때문에 판매가 성공할지에 대해서는 아무도 미리 알 수가 없다. 그래서 문화산업을 고위험 & 고수익(high risk & high return)형 산업이라고 부른다. 문화산업을 주도하는 상품 공급자들은 다양한 재능집단에 의해 구성되는 경우가 많으며, 한번 만들어진 창작물은 시장이 있는 곳에서는 어디든지 추가적인 부가가치 창출 기회에 노출된다. 최근 문화산업과 관련한 저작권 문제가 중요한 사회적 쟁점으로 나타나는 이유는 하나의 문화콘텐츠가 만들어지면 이것을 원형으로 하여 원본과 다른 형태의 다양한 문화상품이 개발될 수 있기 때문이다. 이를 가리켜 원 소스 멀티 유스(one source multi-use : OSMU)라고 한다. 더 나아가 이렇게 한번 창작된 문화상품은 대부분 영구불변의 내구성을 지닌다. 이로 인해 저작권 보호와 관련된 사회문제가 중요한 쟁점으로 떠오르고 있는 것이다.

최근 대중문화산업은 생산과 소비의 실천 과정에서 문화 소통의 쌍방향성이 가능해졌다. 대표적인 예가 유튜브(YouTube) 문화콘텐츠의 생산 및 접속 과정이다. 이러한 현상은 사이버공간이 생기고 사람들이 네트워크 기술을 학습하면서 가능해졌다고 볼 수 있다. 이제 일상생활의 실천과 즐거움을 지향하는 대중을 대상으로 하는 문화산업이 본격적으로 확산하기 시작한 것이다. 현대사회에서 대중문화산업은 인간의 문화상품과 서비스의 생산 및 소비 욕구를 함께 충족시키면서 이를 매개하는 산업군으로 빠르게 성장하고 있다.

5

종교와 사회

종교와 사회 5

1) 종교의 개념과 의식적 기원

종교의 정의에 대해서 많은 학자들이 다양하게 개념화하여 연구해왔다. 개괄적으로 종교의 사전적 의미를 제시하면 '무한성과 절대성을 지닌 초인간적인 존재를 숭배하고 신앙을 가지고 선악을 구분하여 잘못함이 없도록 주의하며 행복을 얻고자 하는 행위 또는 그것에 대한 가르침'으로 정리할 수 있다. 이 정의를 통해 종교의 발생 원인을 사회학적으로 유추해보면, 초월자에 의지함으로써 자신의 나약함에서 벗어나 변화하는 사회의 모습에 직면한 인간 자신의 생활에 대한 방향성을 찾고자 하는 노력에서 비롯된 것이라고 생각할 수 있다. 이처럼 인류는 자신과 자신의 생활환경이라고 할 수 있는 사회에 대한 성찰과 함께 종교를 유지해왔다.

종교의 의식적 기원과 형태를 살펴보자. 인간은 일찍이 원시 부족과 같은 소규모 집단의 종교적 행위 가운데서 신화나 전설에 근거하여 특정 동식물에 신성성을 부여하고 숭배하는 토테미즘(totemism)이나 만물에 영혼이 깃들어 있다고 믿는 애니미즘(animism)처럼 외적으로 나타난 물체, 사물을 통해 종교적 심성과 의례를 표출하는 경우가 많았다. 이들의 종교적 행위는 대부분 초자연적 존재와 소통하는 주술사를 통해 이루어졌기 때문에 샤머니즘(shamanism)과도 연관된다고 하겠다.

한편 현존하는 세계 종교들이 추구하는 내향적 신비주의는 과거의 종교에 내재해 있는 의식보다는 더 체계화된 형태라고 할 수 있다. 현재 세계적으로 확산한 여러 가지 종교를 믿고 있는 사람들에게 외적 사물이나 물체는 인간의 내적 변화를 도모하기 위한 수단으로 통제 가능한 대상으로서의 의미를 지니는 경우가 많다. 종교적 신앙을 가진 사람들은 완전히 인간의 감각을 초월한 마음 상태에 도달하기 위해 일상적 경험에 근거한 의식을 제거하고 새로운 의식 세계를 체험하기 위한 노력을 기울인다. 기도, 명상, 수행, 주문 등 각종 수련을 통해 단순 감각기관에 의지하는 경험을 초월하는 체험과정은 기독교, 불교, 이슬람교, 힌두교, 유대교, 원불교 등 제도화된 종교의 핵심 교리에서 공통적으로 강조하는 신비적 성찰 행위라고 볼 수 있다.

현재 세계의 여러 종교와 관련한 신자(信者)수의 증가 및 감소를 두고 종교의 의미가 더 중요해지고 있다는 입장과 종교 자체가 쇠퇴하고 있다는 입장이 팽팽하게 맞서고 있다. 종교는 다양한 문화적 배경과 의식의 원천으로서 인간의 사고와 행동에 많은 영향을 미치고 있음은 분명하다.

2) 종교의 기능과 역기능

종교는 사회에서 인간에게 여러 가지 기능과 역기능적 작용을 한다. 먼저 종교의 기능은 결국 사회학에서 기능주의적 이론을 주장하는 사람들이 종교를 보는 관점과도 일맥상통한다. 일반적으로 그들은 인간이 종교를 믿고 의지하는 이유를 미래의 불확실성에 대한 불안감, 능력의 무기력성에 대한 인간 스스로의 인식, 마음의 평화와 위안 때문이라고 주장한다.

일반적으로 종교의 개인적 기능은 인간으로 하여금 스스로 자신의 존재 이유와 정체성을 부여하게 하고, 인간의 사회화 과정을 촉진함으로써 인간 주변의 환경에 적응할 수 있는 기회를 제공해 주는 것이다. 또한 인간에게 정서적인 안정감을 주고, 인간 개인으로 하여금 초월적인 존재와 교감할 수 있는 경험을 할 수 있도록 도움을 준다. 그 과정에서 인간은 삶과 죽음의 문제에 대해서 깊이 생각하기도 한다. 그리고 종교는 개인이 슬픔과 고통을 이기고 이를 극복함으로써 능동적인 의식을 함양하도록 심리적인 도움을 주기도 한다.

종교는 사회적 기능도 수행한다. 종교는 사회통합의 기능을 수행하며, 도덕적 규범을 제시한다. 또한 불확실한 상황에서 사회구성원들 간 친교와 화해적 가치를 증진시키고, 한 사회의 문화적 가치를 지지함으로써 사회통합에 기여하기도 하며, 사회의 기본 구조를 정당화하기도 한다. 그리고 종교의 예언적 기능을 통해 기존 사회질서의 모순과 부조리, 부패, 타락 등을 비판하는 새로운 가치 기준을 제시하여 사회발전을 돕기도 한다.

반면 종교는 사회구성원으로서의 인간에게 여러 가지 역기능적 영향도 미치고 있다. 종교적 가치에만 매진할 경우, 현실 활동에 무기력해지기도 하며, 능동적인 개인의 능력계발이 억제되기도 한다. 각 종교에서 한정하는 사상과 이념으로 인해 편협한 태도가 형성되기도 하며, 외부 종교집단과의 배타적 관계 설정으로 분열과 갈등이 야기되기도 한다. 또한 종교의 예언적 기능에 대한 추종으로 인해 생애주기에서 원래 계획했던 인간 개인의 삶의 계획 과정의 해체와 전복을 가져올 수도 있다.

3) 종교의 세속화와 제도화

최근 종교는 과학적 합리주의를 앞세운 근대성의 가치 확산으로 인해 점차 과거 중세의 지위를 상실하고 있다. 심지어 종교를 단순한 하나의 신념 체계 중 하나로 생각하는 사람도 있다. 이는 종교의 가치들이 비합리성의 전형이라고 생각한 근대적 가치를 추구하는 사람들의 인식 때문일 것이다. 근대성의 가치는 합리성, 생산성, 효율성 등을 추구하는 관념 체계로 구성된다고 볼 수 있다.

이 같은 현상과 맞닿아 최근 들어서 종교의 세속화(secularization) 과정에 관한 연구가 활발하게 진행되고 있다. '종교의 세속화'란 현대사회의 과학적인 세계관으로 인해 사회에 미치는 종교적 영향력이 감퇴하는 현상을 의미한다. 이 현상은 결국 한 사회문화에서 종교 제도 및 종교 활동에서 비롯되는 상징의 지배가 점차 약화하는 과정을 보여준다고 할 수 있다. 일찍이 버거는 이 세속화에 대해 사회나 문화의 어떠한 영역이 종교적인 제도, 상징체계에서 벗어나는 과정이라고 정의하였다. 또한 브라이언 윌슨(Bryan R. Wilson)은 세속화에 대해 초자연적인 실체나 법칙에 관한 확신의 정도가 흐려지면서 종교 제도의 영향력이 약화하는 현상이라고 정의하기도 했다. 윌슨은 세속화의 근본적인 요인을 다음과 같은 네 가지로 정리했다.

첫째, 산업화의 진전으로 경험과 합리성의 이념에 기반을 둔 과학주의 정신이 초월주의적 신앙을 대신하게 되었다. 둘째, 산업화로 강화된 국가의 지배력이 종교의 권위를 상대적으로 약화시킴과 동시에 종교를 상징적인 수준의 개념으로 그 가치를 국한시켜 버렸다. 셋째, 산업사회에서 공리주의적 관점의 현실 중심적 가치에 대한 관심이 고조되면서 세속화가 더 빠르게 나타나게 되었다. 넷째, 지역적 · 사회적 이동이 증대하면서 종교적 심성이 머물 수 있는 공동체적 삶의 기반이 상실되고 있기 때문에 세속화 경향이 강화된다고 보았다.

종교의 세속화 과정에 대한 사회적 반응은 크게 두 가지로 나눌 수 있다. 첫째, 전통성을 주장하는 보수주의적 반응이다. 이 관점에서는 종교의 세속화 과정이 잘못 확산했을 때 종교가 지닌 과거 위상을 회복하려는 수구(受具)적 성격의 종교 형태로 나아갈 수 있지만, 다른 한편으로는 그 회복 과정이 원래 종교적 가치를 사회 변화에 상관없이 꾸준히 보존하게 되는 기회가 될 수 있다는 입장이다. 둘째, 종교의 세속화에 대한 자유주의적 반응이다. 이 관점에서는 종교의 세속화 과정에 의해 종교의 전통을 현실에 맞게 효과적인 형태로 교정하고자 한다. 종교가 더 이상 쇠퇴하지 않으려면 상황에 따른 사고와 가치의 변화가 필요하다고 보며, 이러한 변화를 수용하려는 태도를 보이기도 한다. 이 관점은 종교의 세속화로 인해 기존 종교가 더 보편화될 수 있다는 긍정적인 의견도 제시될 수 있으나, 특정 종교가 원래 지니고 있는 교리와 가치가 퇴색하거나 훼손될 수 있다는 위험성도 함께 내포하고 있다.

종교와 관련한 이 두 가지 반응은 현재 세계 사회 곳곳에서 진지하게 쟁점화되고 있는 문제이다. 그리고 이 두 관점의 차이는 결국 종교의 미래에 대한 서로 다른 태도를 그대로 나타내고 있다고 볼 수 있다.

한편 현대사회에서 종교는 다른 문화적 산물과 마찬가지로 정비되고 행위 규범이 체계화되는 '종교의 제도화' 과정을 겪는다. 종교의 제도화는 초기의 종교 관련 집합체가 하나의 확립된 종교 형태로 발전하는 과정을 의미한다. 주지하다시피 여러 새로운 종교들은 상당부분 발생 초기에 사회구성원 다수의 인정을 받지 못하고 소멸하는 경우가 많다.

하지만 이러한 위기를 극복하고 나면, 초기의 종교 집합체는 사회 내에서 인정받게 되고, 마침내 제도화 과정을 거치게 된다. 특정 종교가 제도화되면 점차 더 안정적으로 해당 종교의 교리가 체계화되는 현상이 진행되며, 종교적 의식이 정교해지는 것은 물론, 종교 조직체를 지원하는 공동체와 집단이 자연적으로 형성된다. 더 나아가 점차 사회구성원들에게 공감을 얻을 수 있는 보편성을 띤 교리를 정립하게 되고, 성직자의 역할 역시 전문화된다. 그리고 사회로부터 해당 종교 제도의 존속에 필요한 여러 가지 인적, 물적 자원을 지원받아 상호 의존적인 관계를 맺게 된다. 결국 하나의 종교가 안정화되기 위해서는 바로 이 제도화 과정이 반드시 이루어져야만 꾸준한 교세 확장이 이루어질 수 있다.

4) 종교사회학의 관심 영역 : 주요 고전사회학자의 종교에 대한 관점

만약 사회학에서 다루는 연구 대상이 인간의 합리적인 판단에 의한 사회현상이라고만 가정하고, 종교는 비합리적인 신비 영역에 속한다고 생각한다면, 종교는 사회학의 연구대상이 되지 않을 수도 있다. 하지만 현실세계에서 종교와 관련한 사회현상은 사회적 규범, 공동체와 조직, 집단 활동과 같은 여러 모습으로 우리에게 직접 영향을 준다. 그렇기 때문에 지금까지 종교와 관련된 여러 가지 사회학적 논의가 진행되어 온 것이다.

과거 사회학자들은 종교의 사회적 구성과 조직에 대해 관심을 보였다. 이 같은 종교사회학적 논의는 이미 많은 학자들에 의해 이루어졌다. 여기서는 대표적인 고전사회학자인 뒤르켐, 마르스크, 베버의 관점에서 바라본 종교의 의미를 간략하게 고찰하고자 한다.

뒤르켐은 인간의 종교에 대해 다양한 연구를 진행했다. 인간 경험을 신성한 것(sacred)과 세속적인 것(profane)으로 구분하고 종교는 격리되고 금기된 신성한 것과 관련 있으며, 믿음과 관행의 통합된 체계라고 보았다. 모든 종교는 종교의식을 통해 결속이 다져지고 고조되는데, 이를 집합적 열광

(collective effervescence)이라고 명명했으며, 종교의식이 사회구성원들을 결속시킬 수 있다고 보았다. 그런데, 현대사회가 발달함에 따라 종교의 영향력이 쇠퇴할 수 있으며, 이는 과학적 사고가 종교적 설명을 대신하기 때문이라고 논하기도 했다.

한편 마르크스는 종교라는 존재는 자본주의 일상의 고뇌에서 벗어날 수 있는 계기를 만들어주는 실체라는 입장을 보였다. 종교의 긍정적인 기능이 인간 존재 본연의 의미를 스스로 인식하게 하고, 인간성의 가치를 풍요롭게 만들어 준다고 보았다. 그리고 때로는 종교가 현재 지배집단의 이익을 정당화하는 이데올로기적 함의를 지닐 수 있다고 주장했다. 여기서 말하는 '이데올로기(ideology)'란 인간, 사회, 자연 등에 대해 품고 있는 현실적인 이념적 의식 형태를 말한다. 더불어 마르크스는 비인간적인 냉정한 사회에서는 인간이 겪는 사회적 소외와 고통 때문에 종교가 발생한다고 보았다.

베버는 종교가 초자연적인 존재에 대한 관념과 행동을 보여주지만, 사회구성원들은 종교적 관심, 상징, 제도로부터 점차 영향을 덜 받게 된다고 보았다. 그는 종교의 본질에 대한 내용을 논의하기보다는 종교와 종교가 아닌 것 사이의 경계를 구분하는 것에 많은 관심을 보였다. 또한 베버는 종교가 반드시 보수적인 성격만을 지니고 있다고 보기는 어렵다는 주장을 했다. 그는 종교가 오히려 사회 변화를 유발할 수 있다고 본 것이다. 종교의 영향을 받은 여러 행동이 놀라울 정도의 사회변동을 추동할 수 있다고 판단한 것이다. 그는 자신의 저서인 『프로테스탄티즘의 윤리와 자본주의 정신』에서 종교가 자본주의의 발흥을 가져왔다고 이미 논의한 바 있다. 청교도주의의 예정설이 사람들에게 직업에 충실할 것을 강조하여 이성적인 삶, 소명 의식 등이 고취되어 자본주의 발전에 영향을 끼쳤다는 주장이다. 즉 종교는 기존 체제를 유지하는 것만이 아니라 사회 변화도 초래할 수 있다고 논의한 것이다.

6

사회화와 교육

사회화와 교육 6

1) 사회화의 개념과 특성

인간은 태어나는 순간부터 죽음에 이르기까지 사회구성원으로서 구조적인 질서와 지속적인 의사소통을 하며 생활한다. 각 사회의 문화적 질서는 사회구성원들의 내면에 영향을 미치고, 인간은 문화를 학습하면서 자연스럽게 개인의 정체성을 형성한다. 정체성(identity)은 인간 스스로 자신이 누구라고 여기는지를 인식하고, 또 무엇을 중요한 것으로 간주하는지를 이해하는 과정에서 얻어지는 인식 체계이자 감각이라고 할 수 있다. 따라서 정체성은 인간이 자신의 본질적 존재 의식과 지속적으로 동일시하는 성질을 지닌다. 그런데 이 정체성을 규정하는 과정에서 다양한 사회문화적 요인들이 영향을 끼친다.

이 같은 삶의 과정과 관련하여 사람들이 자신이 속한 사회 안에서 문화적 규범과 생활양식을 내면화하는 과정을 사회화(socialization)라고 한다. '사회화'는 개인이 사회적으로 유형화된 행위 양식을 습득하는 것으로서 가치, 규범, 태도, 언어 등 사회생활에 필요한 다양한 문화적 산물들을 학습하는 과정을 의미한다. 인간의 사회화는 다른 구성원들과의 상호작용을 통해 효과적으로 이루어진다. 결국 한 개인은 사회화를 통해 특정한 정체성을 갖게 되고, 자신의 사고, 감정, 행위 유형이 합쳐진 인성을 형성한다.

사회화는 유년기나 아동기에만 이루어지는 것이 아니라 성인기에도 끊임없이 계속되는 평생에 걸친 문화적 체화 과정이라고 할 수 있다. 특히 현대사회와 같이 사회변동 속도가 빠르고, 다양한 외래문화와 접촉, 교류하며, 새로운 문화적 요소들이 빈번하게 발생하는 사회에서는 성인기의 사회화 역시 중요하다. 왜냐하면 성인들은 급변하는 사회에서 자신의 세계관에 구성되어 있던 기존의 신념과 가치 체계가 바뀌는 경험을 쉽게 하기 때문이다.

물론 이렇게 사회화가 평생 진행된다고 하더라도 특히 영유아기에 겪는 사회화의 내용이 매우 중요하다는 점은 부인하기가 어렵다. 이 시기의 사회화를 일컬어 '일차적 사회화(primary socialization)'라고 한다. 반면 청소년기와 성인기에서 새로운 지식이나 환경에 적응하며 새로운 행동양식과 규범을 습득하는 사회화 과정에서는 일차적 사회화에 비해 상대적으로 사회화로 인한 인성의 변화 정도가 적다. 이처럼 취업, 이사, 이민 등 새로운 직업, 지역, 사회에 속하게 된 사람들이 흔히 겪게 되는 새로운 규범과 문화의 접촉 및 습득 과정을 가리켜 '이차적 사회화(secondary socialization)'라고 한다.

한편 인간은 재사회화(re-socialization)를 경험하기도 한다. '재사회화'는 사람들이 과거에 자신과 관련하여 존재해 온 문화와는 근본적으로 다른 규범과 가치를 새롭게 습득하고 이를 내면화하는 과정을 의미한다. 재사회화는 가치, 규범, 지식, 정서 등이 급격히 변화하거나 단절되는 경험을 하며 진행된다. 일반적으로 군대, 교도소, 정신병원 등이 재사회화 과정을 담당하는 대표적인 기관이라 할 수 있다. 재사회화는 이러한 기관에서 이루어지는 경우가 많긴 하지만, 외국 이주 등의 생활경험과 같이 완전히 생소한 개인적 체험을 통해 이루어지기도 한다.

2) 사회화의 기능과 사회화의 주요 기관

사회구성원들은 다른 사람과의 상호작용을 통해 자신이 속한 사회의 문화를 학습하며 점차 사회적 존재로 그 정체성을 형성하게 된다. 인간은 자신이 활동하는 사회의 생활양식을 스스로 학습하면서 이를 내면화해가는 과정을 자연스럽게 경험한다. 이 사회화의 기능은 다음과 같이 크게 세 가지 정도로 정리할 수 있다.

첫째, 인간은 사회화 과정을 통해 각 사회의 규범, 문화적 산물, 가치 등을 학습하여 이를 시공간적으로 한 세대에서 다음 세대로, 한 장소에서 다른 장소로 이어지도록 한다. 둘째, 인간은 사회화를 통해 상호작용의 기술을 배운다. 타인과의 관계 속에서 일상생활을 영위하는 과정에서 인식하게 되는 욕구 충족 방법과 절차, 합리적 사고방식 등은 사회화를 통해 학습된 것이다. 셋째, 인간은 사회화를 통해 지위에 따른 역할, 집단 규범과 책임 의식, 바람직한 의사결정에 필요한 능력과 태도 등을 학습한다.

사회화는 개인의 입장에서는 문화를 학습하는 과정이면서 사회의 입장에서는 다른 시공간으로 문화를 전승하는 과정이라 할 수 있다. 이처럼 사회화는 인간의 자아와 정체성을 구체화하고 인성을 형성하며, 문화의 사회통합기능을 유지해 나가는 다양한 기능을 수행한다.

한편 사회화 과정은 개인과 사회 간 관계 속에서 긴장과 갈등을 수반하기도 한다. 생물체로서 인간은 내면의 본능, 충동, 감정 등에 따라 개인행동을 하지만, 공동체로서 한 사회가 안정적으로 존속하기 위해서는 개인행동에 대한 사회적 제한도 일정 부분 필요할 때가 있다. 개인의 욕구를 사회의 안정을 위해서 얼마나 제한해야 하는가에 대한 절대적인 기준이 정해져 있는 것은 아니기 때문에 해당 기준의 설정에 대한 합의 과정에서 여러 가지 긴장과 갈등이 나타날 수 있다. 그리고 보편적 기준도 없이 개인의 욕구를 제한하거나 금지하는 경우, 해당 기준을 정한 집단과 이를 준수하는 집단 간 갈등 관계는 더 심화된다.

사회화 기관은 사회를 살아가는데 필요한 유형화된 행위 양식을 교육하는 곳이라고 할 수 있다. 사회화 기관으로는 가족, 또래집단, 학교, 매스미디어 등을 들 수 있다.

첫째, '가족'은 인간이 태어나 최초로 접하는 사회환경이기에 최초의 사회화 기관이라고 할 수 있다. 가족은 아동의 인성 발달에 중요한 영향을 미친다. 특히 신생아의 경우, 보상과 처벌 기제에 대한 학습을 통해 사회화가 진행된다. 둘째, '또래집단'이 있다. 인간은 일반적으로 5~6세가 지나면서 점차 가족 이외의 또래집단(peer group)의 친구들과 어울리며 인간관계 방법을 터득하고 여러 가지 문화를 학습한다. 가족 중 부모로부터는 행동의 옳고 그름을 판단하는 방법을 교육받는다면, 또래집단과의 상호작용을 통해서는 사회 전체가 공유하는 일반화된 규범과 기대를 학습하고, 사회적으로 승인된 행위 양식을 배운다. 셋째, '학교'는 가장 조직적으로 의도된 공식적인 사회화 기관이라고 할 수 있다. 학교에서의 사회화 과정에서는 표준화된 교과 과정을 통해 해당 사회의 문화를 체계적으로 교육받는다. 새로운 사회 구성원들은 학교에서 자신이 내면화해야 할 가치와 규범을 학습하고 지식과 기능도 습득한다. 넷째, '매스미디어'는 많은 정보와 지식을 제공하여 사람들이 다양한 사회의 문화를 학습할 수 있는 기회를 부여한다. 매스미디어는 다른 사회화 기관과는 달리 여러 가지 정보와 지식이 숨겨져 있는 경우가 많으므로 올바른 사회화 관련 지식을 습득하기 위해서는 선택적 수용 과정이 요구된다. 특히 매스미디어는 청소년의 인성 형성과 관련하여 오히려 부정적인 영향을 미칠 수도 있으므로 청소년의 사회화 과정에서는 매스미디어에 대한 여러 가지가 주의가 필요하다.

이처럼 자신의 주변에서 함께 생활하는 가족 구성원, 교사, 또래집단의 특성에 따라 사회화의 내용과 방식이 달라지기 마련이다. 따라서 사회에 안정적으로 작용할 수 있는 보편적인 규범과 윤리의 기준을 설정하기 위해 사회화에 관여하는 교육자들은 수많은 의견과 생각을 교환하고 치열하게 논의하여 합의점을 찾아내려고 노력한다.

그런데, 사회화는 인간의 정신적 성숙을 유도하는 사회통합 기능을 이행함과 동시에 억압과 지배를 야기하는 차별적인 가치관을 학습시키기도 한다. 만약 사회화의 내용이 차별적이라면 어떤 가치관과 규범을 보편적이라고 규정하고 이를 어떻게 사회화시킬 것인지의 문제가 한 사회의 갈등과 투쟁의 발생 요인이 되기도 한다. 자칫 지배계급 집단의 억압적 통치를 정당화하는 수단으로 사회화 기준이 통일될 수도 있기 때문에 일반적인 시민들은 이를 항상 의식하고 성찰할 필요가 있는 것이다.

3) 교육의 기능과 역기능

사회화에는 인간이 사회적 고립에서 벗어나 다른 사람과 원활한 관계를 맺으며 살아가는 사회성에 대한 교육이 수반된다. 교육은 사람들이 살아가는데 필요한 가치나 규범, 지식과 기술을 학습시키고 전달하는 역할을 한다. 이처럼 교육은 현대사회에서 다양한 기능을 수행하는데, 이를 정리하면 다음과 같다.

첫째, 교육은 인간이 사회에서 살아가는데 필요한 지식과 기술을 학습하도록 도와준다. 교육은 이전 세대가 창출한 지식을 현재와 다음 세대로 전달하며, 인간의 사회 적응을 위해 필요한 다양한 내용을 가르치는 과정으로 진행된다.

둘째, 교육은 한 사회에 적응하는데 필요한 문화를 전달하고 사회통합 기능을 수행한다. 교육은 사회질서 유지와 안정에 필요한 가치와 규범을 사람들에게 인식시키며, 사회구성원으로서 해야 할 일과 금지된 일을 보상과 처벌의 질서를 통해 자연스럽게 습득하도록 도와준다. 결국 교육은 질서유지의 역할을 하게 된다.

셋째, 교육은 개인에게 사회이동을 할 수 있는 기회를 제공한다. 교육은 개인의 사회적 위치가 귀속적 지위에 의해 전적으로 결정되는 것을 막으며, 다소 열악한 환경에서 태어난 사람도 다양한 교육을 통해 지식과 기술을 익혀 보다 나은 업적적[성취적] 지위를 얻어 계층 간 상승이동이 가능한 삶의 기회를 제공한다. 여기서 말하는 귀속적 지위는 태어나는 순간 획득되는 지위를 의미하며, 업적적[성취적] 지위는 개인이 일생을 살아가면서 자신의 노력으로 얻게 되는 지위를 말한다.

넷째, 교육은 사회 변화의 원동력을 제공하는 기능을 수행한다. 교육을 통해 한 사회에 새로운 가치, 태도, 지식, 정보 등이 창출되어 사회가 바뀔 수 있는 기회를 마련해준다.

반면 현대사회에서 교육은 사회에 역기능적 문제를 야기하기도 한다. 왜냐하면 사회이동을 촉진하고 평등을 실현하는 역할을 주요 기능으로 하는 교육의 위상과는 정반대로 교육을 통해 기존 질서가 공고해져 기존 사회의 불평등 체제가 지속되는 문제가 야기될 수 있기 때문이다. 특히 이와 관련한 연구들은 사회갈등론적 시각을 가진 사회학자들을 중심으로 이어져 왔다. 귀속적 지위를 중심으로 굳어진 불평등 체계가 교육제도를 통해 재생산되는 방식에 초점을 맞춘 연구가 진행되었다. 교육의 사회적 역기능에 주목한 사회학자들은 제대로 된 고등교육을 받을 수 있는지의 여부를 결정짓는 주요 요인 중 하나는 한 개인의 태생적인 사회경제적 수준이라고 말한다. 교육이 이러한 사회 불평등의 세대 간 대물림이 끊어지지 못하게 하고, 좋은 경제적, 문화적 환경에서 태어난 사람들에게 더 많은 교육기회가 보장됨으로써 불평등 체제가 다시 유지, 강화되는 상황이 발생하게 된다고 본 것이다. 높은 수준의 교육을 받기 위한 사회구조적 조건이 결국 그 사람의 귀속적 지위에 의해 좌우될 경우, 교육이 불평등 체계를 영속화한다는 논리가 성립하게 된다.

4) 교육과 문화적 재생산

교육의 여러 가지 사회문화적 결과에서 주목해야 할 중요 개념 중 하나가 문화적 재생산(cultural reproduction) 개념이다. 교육을 통한 문화적 재생산 개념을 파악하려면 먼저 부르디외의 문화자본 개념을 살펴보아야 한다. 문화자본이란 문화를 향유할 수 있는 능력으로, 한 개인에게 더 높은 사회적 지위를 갖게 해주는 지식, 소양, 기술, 교육 등을 지칭한다. 부르디외는 문화자본의 하위 유형을 대략 세 가지로 범주화했다. 첫째, 사람의 소양이나 예절 등의 체화된(embodied) 문화자본, 둘째, 예술품 등의 객체화된(objectified) 문화자본, 셋째, 학위나 자격증 등의 제도화된(institutionalized) 문화자본이 그것이다.

특히 부르디외는 학교가 사회적 지배계급의 특정 문화를 전수하는 기관인 만큼 특정 상위계층에게 이미 체화되고 제도화된 지식과 문화를 재생산하는 곳으로서의 기능을 이행하기 쉽다고 주장했다. 결국 문화적 재생산 이론에서는 충분한 교육을 받을 수 있는 특정 상위계급에 속하지 않는 아이들은 사회 적응에 도움이 되는 지식을 전수받지 못하는 경우가 생기기 쉬우며, 따라서 그 아이들이 사회에 진출했을 때 사회적, 경제적 불평등이 영속화되기 쉽다고 보았다.

이처럼 교육이 지닌 문화적 재생산 기능은 현대사회에 기능적 역할을 하는 동시에 역기능적 상황을 함께 연출할 수 있다. 또한 지금까지 살펴본 것처럼 사회화, 교육, 문화, 계층의 문제는 밀접하게 관련되어 있다.

7

배우자 선택과 가족의 성립 : 가족 구조의 현실

배우자 선택과 가족의 성립 : 가족 구조의 현실 7

1) 가족의 개념 : 어떻게 가족을 생각해야 하는가?

가족의 전통적 정의는 경제적 협동 또는 일상생활의 공유를 지속적으로 영위하며, 정서적 만족을 얻는 사회활동 단위라고 할 수 있다. 최근 복잡하게 변화하고 있는 사회구조의 영향으로 전통적 의미의 가족 성립조건으로 여겨졌던 요소들에 대한 인식이 바뀌고 있다. 이 같은 시대적 분위기와 현대사회의 변화를 반영하는 가족에 대한 새로운 정의가 등장하기도 했는데, 가족의 개념을 일상생활에 필요한 기본적 욕구 충족을 위해 조직된 항구적인 집단으로 명명할 정도로 그 개념의 폭이 넓어지고 있다. 이처럼 현대사회에서 가족은 개별화된 사회구성원의 생존을 위한 기능적 조직체로서의 정체성을 갖게 되었다.

사회학에서 가족 연구에 적용되는 이론적 범주는 크게 두 가지의 거시적 관점으로 나눌 수 있다. 그것은 구조기능주의적 관점과 갈등주의적 관점에서 가족 연구를 하는 것이다.

첫째, 가족에 대한 '구조기능주의적 관점'은 개인과 사회에 있어서의 가족의 기능과 역할을 중심으로 가족의 본질을 분석한다. 가족이 개인과 사회에 각각 어떤 기능을 수행하는가에 관한 문제를 주로 연구한다. 가족은 사회 존속 및 질서 유지에 있어서 필수불가결한 요소이기 때문에 가족과 사회 간의 기능적 적합성 여부를 고찰하는 과정은 학술적으로 중요하다. 이 관점에서 바라본 가족의 기능은 생계를 유지하는 경제적 기능, 사회화와 관련한 교육적 기능, 개인의 심리적 안정감 부여와 관련한 사회심리적 기능 등으로 다시 나눌 수 있다.

둘째, 가족에 대한 '갈등주의적 관점'에서 가족을 분석할 때에는 마르크스주의자들이나 프랑크푸르트학파의 비판이론을 중심으로 가족을 연구한다. 먼저 마르스스크주의자들에게 있어서 가족은 한 사회에서 변화하는 실체이며, 그 변화 양상은 사회구조 내에서 지속적으로 발생한다고 보았다. 그리고 가족은 세대를 통해 계급을 지속적으로 유지하고, 계급에 따른 여러 가지 특권을 유지, 확장시킨다고 보았다. 특히 부(富)와 빈곤의 대물림으로 인한 양극화 현상의 주된 요인이 가족이라는 점에 주목했다. 즉 가족은 계급적 불평등을 재생산하는 기제라는 점을 인식시켰다.

갈등주의적 관점에서의 비판이론을 적용한 가족사회학 연구내용도 흥미롭다. 비판이론적 관점에서는 가족 내 남성과 여성의 구분이나 인간 활동 공간인 직장과 가정에 대한 이분법적 구분은 가족을 지나치게 편협한 시각으로 바라볼 위험이 있기 때문에 이러한 구분 기준은 타당하지 않다고 논했다. 비판이론에서 가족은 개인이나 사회의 규범, 가치, 이데올로기를 학습하는 장소이며, 이 가족을 통해 학습된 의식 체계들이 옳지 않은 경우도 많다고 본다. 예를 들어 프랑크푸르트학파의 테오도르 아도르노(Theodor W. Adorno)는 개인의 권위주의적 인성은 주로 편견이 많고 비민주적인 의사소통을 통해 발현된다고 보았다. 그리고 대체로 이 같은 특징은 가족 관계가 지배, 복종의 형태를 띠거나 잘못에 대해 지나치게 엄하고 관대하지 않은 분위기의 가족 구조 내에서 성장한 개인에게서 나타난다고 분석했다. 이 이론적 관점에서는 가족으로 인해 분란과 갈등 관계가 재생산될 수 있다는 점에 주목했다고 볼 수 있다.

2) 현대사회의 가족 구조의 변화상과 새로운 유형

일부 사회구성원들은 현대사회의 가족 구조가 해체되고 있다고 염려하기도 한다. 하지만 가족이 해체되려면 가족 제도적 측면에서 해체 현상이 나타나야 하는데, 현재 우리 사회의 가족의 모습은 사라지지 않고 공고하게 자리 잡고 있다. 따라서 현대사회의 가족은 다양한 유형으로 '변화'하고 있다고 보는 것이 더 타당할 것이다.

현대사회에는 과거에 사회가 통상적으로 인정하는 가족으로 보기 어려웠던 유형까지 포함해 다양한 가족의 모습이 우리 곁에 존재한다. 현대 가족 구조의 변화는 크게 세 가지 변화 양상으로 나누어지며, 가족의 형태, 행동, 가치상의 변화가 그것이다.

첫째, 가족의 '형태'상의 변화를 살펴보면, 부모와 자녀로 이루어진 기존의 가족 형태를 벗어난 다양한 유형의 신(新)가족 형태가 출현하고 있다. 이 변화의 주된 원인은 가족 구성원의 재생산성이 불안정해졌기 때문이다. 자발적 독신가족, 자발적 무자녀가족, 한부모가족, 동거가족, 입양가족, 재혼가족 등이 나타나고, 피임법 등의 의료, 과학기술의 영향으로 사회에서 인정한 기존의 가족과는 다른 형태의 가족 구조가 형성되고 있다.

둘째, 가족 구성원들의 '행동'상의 변화이다. 가족이라면 마땅히 갖추어야 한다고 사회에서 요구하는 가족 구성원들의 행동과 개별 가족 구성원들의 실제 행동 간 차이가 표출되고 있다. 가족은 더 이상 우리 사회가 요구하는 만큼의 따뜻한 사랑과 신뢰로만 구성되는 집단이 아니며, 그 내부에는 많은 갈등이 숨어있다. 하지만 국가는 가족 집단이 사회질서 유지와 안정에 있어 중요한 역할을 해주기를 여전히 바란다. 즉 사회가 가족에게 요구하는 이타적이고, 평안함을 추구하는 행동 특성과 실제 가족 구성원들의 갈등적 행동 사이에서 여러 가지 혼란이 발생하고 있는 것이다.

셋째, '가치'의 변화가 나타나고 있다. 과거 가족을 지탱해 온 집단화된 사랑과 같은 단일가치가 사라지고, 그 대신 개별 가족 구성원들의 모든 가치가 존중받는 '개인화' 과정이 나타나고 있다. 특히 이 같은 가족 가치상의 변화와 가족 내 노인의 역할 변화는 밀접한 관련이 있다. 의학기술과 충분한 영양 섭취로 평균수명이 연장되어 노인인구가 증가했다. 빠르게 변화한 사회 속에서 노인들은 변화된 산업, 정보 지식을 섭렵하기가 어려워졌다. 한편 과거 농경사회에서 노인들이 전수하던 기술과 정보를 청·장년 세대가 다른 매체를 통해 직접 학습하는 것이 가능해지면서 그들의 피부양자로서의 정체성이 강화되고 있다. 즉 현대사회에 와서 가족 내 어른으로서 존중해 드리는 의식구조가 조금씩 변화하게 된 것이다. 이 같은 의식의 변화는 가족의 범위를 넘어 사회에서의 세대 갈등 문제로 확장되는 경향도 보이고 있다.

결국 가족은 더 이상 하나의 통일된 의식을 추구하는 조직이라고 보기가 어렵다. 왜냐하면 과거에 비해서 가족 내 개별화된 가족 구성원들이 각자의 삶을 영위하기 위해 필요한 가치를 추구하는 것이 더 중요해지고 있기 때문이다.

3) 가족을 이루기 위한 배우자 선택에 관한 이론

혼인을 통해 가족을 구성하려면 배우자를 선택하는 과정이 필요하다. 그런데 최근에는 지금까지 가족을 이루는 과정과 자연스럽게 연계되는 개념이라고 할 수 있는 사랑, 혼인, 성(性) 등이 반드시 단선적으로 나타나지 않는 경향을 보이고 있다. 현대인들이 어떤 방식으로 배우자를 선택할 것인가와 관련한 많은 이론들이 있으며, 주로 많이 논의되는 내용을 정리하면 다음과 같다.

첫째, 동질혼적 이론이 있다. 사람들이 동질성의 원리에 따라 결혼을 추구한다는 연구가 있다. 이 이론적 관점에서는 사람들이 자신과 비슷한 사회적 특성을 가진 사람과 혼인하려는 속성이 있음을 강조한다. 유사한 사회적 배경이 유사한 가치관과 생활양식으로 이어지고, 또 이 유사한 속성 때문에 유사한 사회적 위치에 있는 사람들과 접촉할 기회가 높은 것이다. 심지어 유사한 사회적 배경을 가진 배우자를 선호하는 사람들도 많기 때문에 비슷한 사회경제적 수준의 사람들끼리 혼인을 하는 경우가 많다고 본다.

둘째, 욕구보상이론이 있다. 이 이론은 동질성의 원리에 따라 결혼을 한다는 이론적 견해와는 상반되는 배우자 선택 과정을 설명한다. 즉 욕구보상이론에 따르면 평소 자신과 다른 특성이나 행동양식을 가진 사람을 배우자로 선택하기를 원한다고 한다. 즉 이질적인 특성을 지닌 배우자를 원하는 사람들은 자신의 충족되지 않은 욕구에 대해서 만족감을 얻기 위해 자신과는 성향이 다른 배우자를 선택한다는 이론이다.

셋째, 교환이론이 있다. 이 이론에서는 인간이라는 존재를 합리적이라고 가정하여 배우자 선택 과정에서 효용과 비용을 계산하여 손해보다 이익이 더 확보되었을 때 혼인을 선택하게 된다고 본다. 교환이론을 통한 배우자 선택 과정에는 여러 가지가 있다. 먼저 결혼을 통해 배우자가 될 사람에게서 실질적으로 자신이 얻게 되는 효용과 자신이 감당해야 할 비용을 합리적으로 따져서 결혼 여부를 결정하는 경우이다. 즉 배우자가 될 사람과 서로 교환할 물질적, 심리적 자원 등의 효용을 계산하여 배우자보다 자신이 가치 있는 것을 더 얻을 수 있다고 판단할 때, 그 사람을 배우자로 선택하게 된다는 의미이다. 다른 한편, 현재 사귀는 사람과 미래에 사귈 가능성이 있는 사람을 비교하여 현재 사귀는 사람이 미래의 사람보다 자신에게 더 많은 도움을 줄 수 있다고 여겨질 때, 배우자로 선택하게 되는 경우도 있다. 이상 일련의 과정이 이루어지기 위한 대전제는 두 사람의 관계가 '대등한 관계'이어야 한다는 것이다.

일찍이 존 티보트(John W. Thibaut)와 해럴드 켈리(Harold H. Kelly)는 비교수준과 대안적 비교수준을 통해 앞서 살펴본 교환이론에 의한 혼인의 원리를 개념화했다. '비교수준'은 개인이 어떤 특정 관계로부터 평균적으로 얻을 수 있는 것으로 예상되는 기대치의 비교 정도를 의미한다. 따라서 개인은 현재 관계에 대한 만족 여부를 그러한 보상의 수준을 통해 평가한다. 한편 '대안적 비교수준'은 현재 만나고 있는 사람과의 관계가 종료된 후, 다른 대안적 관계를 통해 얻을 수 있는 보상까지 고려한다. 그리고 이 두 관계에서 얻을 수 있는 바를 비교하면서 본인의 기대치를 정하여 현재 관계의 지속 여부를 판단할 때 적용하는 개념이다.

넷째, 여과이론(filter theory)이 있다. 특히 이와 관련하여 알란 커크호프(Alan C. Kerckhoff)와 키스 데이비스(Keith E. Davis)의 연구가 대표적이다. 이 이론에 의하면 인간이 타인을 만나 배우자를 정하는 과정에서 사회적 특성의 동질성 여부, 가치관의 일치, 욕구의 상호보완성이 마치 여과되듯 하나씩 차례대로 만족될 때, 배우자를 선택한다고 한다.

지금까지 살펴본 가족을 이루기 위한 배우자 선택과 관련한 이론적 논의들은 혼인의 시작을 설명하는 중요한 논리적 근거를 마련했다. 물론 배우자 선택 과정이 만족스러웠다고 해서 반드시 결혼 만족도가 높아진다고는 볼 수 없다. 왜냐하면 결혼생활은 배우자 선택 과정과는 또 다른 인간관계를 전제로 하기 때문이다.

4) 결혼 만족도에 관한 이론

혼인 후 부부간 결혼 만족도를 결정하는 요인은 다양하다. 가족사회학 연구에서는 이 요인들을 다양한 이론들을 통해 설명하는데, 이를 정리하면 다음과 같다.

첫째, 자원이론이 있다. 이 이론에서는 결혼생활을 수행하는데 필요한 사회경제적 생산물에 대한 물질적 지원, 심리적 승인 등 다양한 유무형의 자원들이 모여 결혼생활의 만족 여부를 결정한다고 본다.

둘째, 역할이론이 있다. 이 이론에 따르면 결혼 당사자가 아내, 남편, 부모 등의 역할을 어떻게 수행하는가에 따라 결혼 만족 정도가 결정된다고 판단한다. 특히 배우자가 자신의 역할을 어떻게 인지하고 있는지, 배우자 간 서로 일치하지 않는 역할 갈등이 있는지 등의 여부가 결혼 만족도에 중요한 영향을 미친다.

셋째, 상징적 상호작용론이 있다. 이 이론에 따르면, 결혼 후 자신의 자아(self)와 정체성(identity)이 얼마나 성장하고 확실히 정립되었는지, 그리고 배우자와 어떤 호의적인 의사소통이 이루어지는지가 결혼 만족도를 결정한다. 특히 결혼생활 중 배우자가 비언어적 메시지까지 인식할 수 있는 의사소통 능력을 갖추고 있다면 결혼 만족도는 더 높아질 수 있다.

넷째, 교환이론을 통해 결혼 만족도에 영향을 미치는 요인을 설명한다. 이 이론에 따르면, 결혼생활 중 배우자와의 관계에서 보상과 비용의 관계를 계산하여 본인에게 보상적 측면이 더 많이 주어지면 결혼 만족도가 더 높아진다.

다섯째, 동질성 이론이 있다. 동질성의 원리에 따라 배우자를 선택한다는 이론적 논의가 있다. 이 관점에서는 혼인과 관련하여 사회적 속성이나 태도가 유사한 사람 사이에 서로 호감이 증대된다고 보고 있다. 왜냐하면 사람들은 자신과 비슷한 처지의 상대방을 더 잘 이해할 가능성이 높기 때문이다. 이 이론에서는 심리적 성향이 다른 사람을 만난 경우에는 의사소통 과정에서 인지 구조상의 불균형 현상이 나타나서 정작 상대방과의 만남을 꺼리거나 심리적으로 불편한 감정을 갖게 된다고 설명한다.

여섯째, 인성이론을 통해 결혼 만족도 요인을 파악한다. 배우자의 인성 수준에 따라서 결혼 만족도가 결정된다고 보는 이론적 관점이 있다. 이 이론적 논의에서는 결혼생활의 만족 정도가 물질적인 측면보다 배우자의 인성 특성에 의해 좌우된다고 본다. 우리가 흔히 미래 배우자와 관련하여 자신이 존경할 수 있는 사람과 결혼하고 싶다고 말하는 것도 바로 이 인성이론에 기반을 둔 것이라고 할 수 있다.

5) 부부관계의 영역

혼인 후 부부관계는 생활권을 함께 공유하기 때문에 혼자 생활하는 것과는 완전히 다른 삶의 형태이다. 따라서 부부 모두 혼인 이전과 비교하여 확연하게 구분되는 생활의 차이를 느끼게 된다. 부부관계의 주요 영역을 체계적으로 인식하고 논의하는 과정은 원만한 부부관계의 유지를 위해 중요하다. 부부관계의 영역은 다음과 같이 나눌 수 있다.

첫째, '의사결정권' 영역이다. 부부 간 의사결정이 구체적으로 어떻게 이루어지는지를 분석하면 남편 우위형, 아내 우위형, 부부공동형으로 범주화할 수 있다. 그 중 부부공동형은 부부가 함께 일치하여 결론을 이끌어내는 합의형과 각자 분리된 영역에서의 독립성을 보장하는 자율형으로 다시 나뉜다.

둘째, '의사소통' 영역이다. 이 영역은 부부 사이의 상호작용을 통해 갈등 해결을 위한 구체적인 방법을 제공한다. 부부간 바람직하지 않은 의사소통 유형으로는 자기중심적으로 대화를 하는 권위주의형, 과거에 집착하여 현재의 더 중요한 문제를 간과하는 소심 지향형, 정확한 답변과 대화를 회피하거나 위기를 모면하고자 거짓말을 하는 불성실 지향형, 개인보다 집단이나 가문을 중시하여 부부 중 어느 한쪽의 인내를 강요하는 희생 지향형이 있다.

셋째, '역할 분담' 영역이 있다. 역할 분담과 관련하여 가정 내에서 부부 사이에 이루어지는 성별 분업은 계층별로 차이를 보이기도 한다. 중산층 이상 가정에서는 가사 일을 대신해 줄 수 있는 노동자를 고용하여 노동강도를 분산시킬 수 있지만, 저소득층 가정에서는 대부분 여성이 경제적 책임과 자녀 양육 모두를 감당함으로 인해 슈퍼우먼 증후군을 겪기도 한다. 부부 모두의 삶의 질을 높이기 위해서는 남녀 역할 분담과 관련한 충분한 소통과정이 필요하다.

넷째, '성(性)' 영역이다. 배우자 이외의 사람과는 성적인 관계를 가져서는 안 된다는 성의 배타성 가치는 일부일처제를 유지하는 중요한 수단이다. 성은 출산을 위한 과정이자 부부간 낭만적 사랑의 징표이며, 친밀감을 표현하는 수단이기도 하다. 하지만 일방적인 성관계는 부부관계를 악화시키게 되는데, 이와 관련하여 최근에는 부부간 성폭력과 관련한 사회문제가 연구되고 있다.

다섯째, '여가' 영역이다. 최근 부부가 향유할 수 있는 여가활동 영역에 대해서 많은 사회적 관심이 나타나고 있다. 가사노동과 임금노동에 종사하고 있는 아내를 대상으로 한 여가활동의 중요성이 여러 관련 연구자들에 의해 논의되고 있다. 이 두 가지 노동에 동시에 종속된 이중 노동 부담에 직면한 아내들은 여가활동 참여 자체가 어려울 수 있기 때문이다. 한편 현대사회의 남편들 대부분도 산업화 시대를 살아오면서 '노동 후 휴식'이라는 수동적 여가 개념에 익숙한 나머지 주체적인 여가활동에 대해서 진지한 교육을 받지 못하고 생활해왔다. 이제 여가 코드는 부부가 그들의 삶의 질 향상을 위해 체계적으로 교육받고 창의적으로 구현해야 할 중요한 부부관계의 영역 중 하나가 되었다.

6) 가족의 미래

가족은 다양한 구조적, 행위적 특성이 내재해 있기 때문에 하나의 단일한 구성체라고 보기 어렵다. 가족 내에는 성, 세대 범주가 있고, 각 개인의 독립된 삶이 존재한다. 가족은 반드시 행복한 관계만을 상정할 수 없으며, 그 내부에는 긴장, 갈등, 소외 등의 부정적 소통체계도 존재하기 마련이다. 따라서 이러한 역동적 가족 구조는 '가족은 하나'라는 전통적 인식에 국한된 연구만을 수행해서는 안 된다는 점을 시사한다. 이제 가족의 다양한 유형과 변화된 행동과 가치를 복합적으로 함께 논의해야 할 시대가 도래했다고 볼 수 있다.

8

여성과 남성의 사회학 : 주요 쟁점과 상호작용의 필요성

여성과 남성의 사회학 : 주요 쟁점과 상호작용의 필요성 8

1) 성(性)의 개념적 논의와 성 차이의 이해

성(性)은 크게 섹스(sex), 젠더(gender), 섹슈얼리티(sexuality)로 나뉘어 사람들에게 인식된다. 섹스는 생물학적으로 구분되는 해부학적 · 생리적 차이 또는 육체적 성관계를 가리킬 때 사용되는 용어이다. 젠더는 사회문화적으로 형성되는 남성다움과 여성다움의 구분을 의미하는데, 이 개념은 주로 가족, 학교, 대중매체 등에 의해 규정된 성 역할 구분으로 사회화 과정에서 구체화된다. 섹슈얼리티로 명명되는 '성성(性性)'은 성과 관련한 속성들을 포괄적으로 의미한다. 앞서 말한 섹스, 젠더의 의미는 물론 성과 관련한 인간 욕망, 행위, 제도, 태도, 사고 등을 통틀어 지칭한다.

남녀로 이루어진 전통적인 성별 구분 과정 연구의 예를 살펴보자. 산업화를 통해 본격적으로 구축된 남성 지배의 사회구조는 사실 자본주의적 생산양식이 등장하기 훨씬 이전으로 거슬러 올라간다. 당시 여성은 출산 등의 인구재생산 활동을 했고, 남성은 집 외부에서 사냥을 하고 사냥한 고기를 여성과 함께 먹었다. 이때는 생존을 위한 영양분 섭취 등의 이유로 동물을 잡는 남성의 사냥 능력이 그 사회에서 매우 중요하게 여겨졌다고 보는 학자들도 있다. 그런데, 세상이 바뀌면서 인간에게 중요한 삶의 방식이 변화하여 더 이상 사냥이 과거의 수렵사회보다 중요하지 않게 되었다. 그럼에도 불구하고 권력관계에서의 남성의 우위는 여전히 유지되고 있다. 일단 한 번 형성된 남성과 여성의 삶의 공간은 산업사회에서도 그대로 유지되는 경향을 보였다. 초기 산업화 과정에서의 공장은 직장과 가정을 분리시켰다. 일터와 가정에서 함께 나타난 성별분리 의식으로 인해 지금도 남녀 성별 차이에 근거한 생활양식의 범위는 뚜렷하게 구분되어 있다.

자본주의 사회에서 가사노동은 남성이 직업군에서 행하는 임금노동에 비해 평가절하되어 왔다. 산업화 시대에는 가사노동이 인간의 생존과 존속을 위해 반드시 수행되어야 하는 노동임에도 사회적으로 그 가치를 분명하게 인식하지 못했다. 최근 가사노동과 그것의 생산적 가치의 문제가 주요 쟁점이 된 것은 가사노동이 지닌 삶의 의미에 대해 사회구성원들이 꾸준하게 고민한 결과라고 할 수 있다.

최근 노동시장에서의 여성 고용이 증가하면서 직장에서의 노동과 가정에서의 노동 사이의 양립 가능성 문제가 중요한 정책적 기제로 등장했다. 이는 남성의 가사노동 참여 문제로 이어져 가족복지 관련 정책이 구현되고 있다. 여성의 노동시장 참여로 남녀의 가사노동 공동부담 문화가 본격적으로 실현되고 있으며, 가족 구성원만으로 가사노동을 감당할 수 없을 때는 국가가 개입하는 경우도 생겼다.

2) 남녀의 노동시장 차별을 설명하는 이론

앞서 언급한 대로 산업화 시대의 성별 분업 문화가 이어져 오던 시기에는 여성들이 노동시장 진입 과정에서 많은 차별을 받았다. 또한 참여한 노동시장에서도 여성 고용의 질 문제가 충분히 보장받지 못했기 때문에 노동시장 내 여성의 위치는 불안정한 경우가 많았다. 남녀의 노동시장 차별을 설명하는 이론은 크게 두 가지로 나눌 수 있다.

첫째, '인적자본론'이 있다. 인적자본론은 사회적 불평등의 궁극적 원인을 개인적 차원에 따라 시장 능력이 불균등하게 배분되기 때문이라고 본다. 여성의 노동시장 참여는 가사노동과 임신, 출산, 육아로 인해 불연속적으로 진행되기에 노동시장에서는 여성의 지식과 기술 습득에 필요한 투자를 꺼리게 된다는 논리이다. 즉 노동시장에서의 남녀의 사회적 위치 차이는 인적자본의 개인적 차이에서 비롯된 결과라고 해석하는 것이다.

둘째, '노동시장분절론'이 있다. 노동시장분절론에서는 이중노동시장 구조 속에서 여성이 고용안정성, 높은 임금, 승진이 보장되는 1차 노동시장보다 임시직, 계약직 등의 2차 노동시장으로 주로 진출한다는 입장이다. 이 같은 노동시장 분절 현상의 원인은 자본주의 발전 단계에서 자본의 영역이 그들의 이윤 극대화를 위해 직무구조를 계층화하고, 노동자 집단을 이질화하여 분할지배를 꾀하기 때문으로 해석된다.

3) 성 상품화와 성폭력

자본주의 사회에서 성 상품화 현상은 계속해서 확대되고 있다. 자본 영역에서는 이윤 증대를 도모하기 위해 황색 저널리즘, 포르노그래피, 에로티시즘 등을 통해 성과 육체에 대한 물상화(物像化) 작업을 진행한다. 대중매체를 통한 성 상품화 과정에서 여성이 소비적 객체로 대상화된다는 점이 심각한 문제가 되고 있다.

이같이 여성을 대상으로 하는 성 상품화는 성폭력에 대한 사회적 민감도를 낮추는 부작용도 낳고 있다. 성폭력이 여러 미디어를 통해 노출됨으로써 성과 관련하여 비정상적인 사회화 과정이 진행되기도 하며, 폭력을 정당화하는 왜곡된 문화체계가 형성되기도 한다. 일부 학자들은 이러한 성 상품화와 성폭력 현상의 본질이 현대사회에 뿌리 깊게 자리 잡은 남녀의 권력구조 문제에 있다고 논하기도 한다.

따라서 건전한 사회질서를 유지하기 위해서는 성에 대한 강제된 왜곡된 인식을 근절할 수 있는 올바른 성교육 시스템과 관련 제도를 체계적으로 구축하고 실행할 필요가 있다. 또한 가해자의 교화와 피해자의 치료를 위한 정책적 지원이 동시적으로 요구된다.

4) 주요 페미니즘 사상과 남성학 연구

(1) 주요 페미니즘 사상

페미니즘은 여성의 권리와 관련한 실천적 이론 및 사회운동에서 시작하여 최근에는 여성과 남성 모두를 대상으로 하여 인간 해방을 추구하는 이론이자 사회운동으로 연구 영역을 확대해 나가고 있다. 수많은 페미니즘 사상이 있으나, 사회학 연구에서 주로 많이 인용이 되는 주요 페미니즘의 내용을 개관하면 다음과 같다.

① 자유주의 페미니즘(liberal feminism)

자유주의 페미니즘 사상은 사회적, 문화적 태도 속에서 젠더 불평등을 설명한다. 이 사상은 인간 개인의 자율성을 강조하는 자유주의 이념에 근거한 페미니즘 사상으로서 여성과 남성의 같음을 강조하고, 공적인 영역에서 여성 역시 사회구성원으로서 공평한 대우를 받으며 그 역할을 다하려는 입장을 취한다. 개인의 권리와 기회의 평등이 자유주의 페미니즘의 주요 내용

이라고 할 수 있다. 따라서 이 사상은 사회제도에서 젠더 불평등을 없앨 수 있는 여러 가지 개혁을 주장한다. 교육 기회, 일자리, 임금 등이 균등하게 주어진다면 동등한 남녀 관계가 형성될 수 있다고 보았다. 하지만 이 사상은 여성이 추구할 수 있는 자율적 권한만을 강조함으로써 궁극적인 사회구조적 변화가 아닌 공적 영역에서의 점진적인 개혁만을 주장한다는 점에서 한계가 있다.

② 마르크스주의 페미니즘(Marxist feminism)

마르크스주의 페미니즘 사상은 마르크스주의 이론을 토대로 자본주의 사회구조가 여성 억압의 근본 원인이라는 주장을 펼친다. 즉 여성 억압의 원인을 계급 차별에서 찾는다. 그리고 여성의 억압적인 사회적 위치를 극복하고자 자본주의 사회의 기본적 모순인 계급 문제를 극복할 수 있는 변혁을 모색한다. 또한 이 사상은 사유재산제의 도입으로 인해 여성 억압이 한층 강화되었다고 주장한다. 원시공동체 사회를 거쳐 생산력 발전으로 농경 정착 단계로 진행되면서 사회적 잉여와 부(富)가 축적되었다. 그리고 당시 증대된 부(富)는 가축 사육과 노동 도구를 관장하던 남성에게 주로 모아졌다. 비록 현재의 자본주의 사회로의 역사적 이행 과정을 거치면서 많은 시간이 흘렀지만 마르크스주의 페미니즘 사상에서는 사유재산을 소유한 남성 가장의 재산 상속과 가계 유지가 여성 억압의 원인이 되었다고 보았다. 따라서 이 사상은 사유재산 철폐를 통해 경제적 생산방식이 변화해야 여성 차별이 없어진다는 입장이다.

또한 노동자로서의 여성에 대한 본격적인 논의와 함께 임금제 가사노동에 대한 여러 가지 주장을 한다. 마르크스주의 페미니즘 사상에서는 여성이 노동자로서의 계급의식을 내재화하기 위해서는 공적 영역에서 임금노동자가 되어야 하며, 가사와 육아의 사회화가 이루어져야 한다고 보았다. 따라서 이 사상을 주장하는 일부 사람들은 임금제 가사노동에 찬성하기도 한다. 노동을 통한 임금의 획득을 중요하게 여겼기 때문이다. 그런데, 흥미로운 점은 또 다른 일부 마르크스주의 페미니즘 사상에서는 임금제 가사노동이 진행되면 여성이 공적인 임금노동시장으로 진출하려고 하지 않기 때문에 이는 타당하지 않은 여성 억압 해결책이라고 주장하기도 했다. 노동을 통한 여성 억압의 상황을 이해하려고 시도한 마르크스주의 페미니즘 사상에 대한 비판점으로는 가부장제에 대해 본격적으로 논의하지 않았으며, 계급과 성별을 같은 설명 범주로 묶음으로써 각각이 지닌 특수성을 간과했다는 것이다.

③ 급진적 페미니즘(radical feminism)

급진적 페미니즘은 여성 억압의 근본적인 이유를 가부장제에서 찾는다. 이 사상은 가부장적 억압이 모든 형태의 사회적 억압 가운데 가장 근본이며, 진정한 여성 해방은 여성의 성 역할에서의 근본적인 변혁을 통해 이루어질 수 있다고 주장한다. 특히 여성 억압의 주된 원인은 여성의 출산에서 기인하며, 출산을 이유로 여성이 남성에게 의존하게 되었다고 본다. 따라서 여성의 성에 대한 남성의 통제가 여성에 대한 지배로 이어졌다는 입장을 취한다. 성의 표출에 있어 여성과 남성은 서로 다른 사회화 과정을 경험하며, 남성은 자신의 성적 권력을 여성에게 행사한다고 보았다. 심지어 일부 급진적 페미니스트들은 여성 억압의 물적 토대가 생식적 특성에 있다고 주장하면서, 가부장적 이데올로기에 의해 여성과 남성의 생물학적 차이가 지나치게 과장되어버리는 바람에 사회적으로 각각 다른 역할을 담당할 수밖에 없게 되었다고 분석하기도 했다. 한편 이 급진적 페미니즘에 대한 주요 비판점은 여성 집단 내 존재하는 여러 가지 차이가 제대로 논의되지 않았다는 것이다.

④ 사회주의 페미니즘(socialist feminism)

사회주의 페미니즘은 마르크스주의 페미니즘과 급진적 페미니즘의 사상적 배경을 더욱 확장한 사상이다. 여성에 대한 억압 원인을 자본주의 체제를 중심으로만 분석한 마르크스주의 페미니즘과 급진적 페미니즘이 주장한 가부장제 분석을 통한 여성 차별 연구에 모두 관심을 보였다. 즉 여성 억압과 종속에 있어서 계급뿐만 아니라 가부장제 역시 동등한 역할을 한다고 본 것이다. 여성 억압은 자본주의 이전 단계에서나 비자본주의 사회체계에서도 모두 존재하기 때문에 자본주의와 가부장제의 상호 연관성으로 인해 발생하는 여성 억압의 본질을 고찰했다. 여성에 대한 억압이 그 정도의 차이는 있으나 대부분의 사회에서 존재하는 것으로 판단했다. 여성이 계급에 따라 사회문화적으로 다른 경험을 하면서도 여성이라는 이유 때문에 또 다른 억압을 경험하게 된다고 보았다. 이 억압의 본질은 경제적 조건에 따라 상이하며, 그 차이에 의해 다른 형태를 보인다고 주장했다. 사회화 과정에서의 여성 역할에 대한 학습 등도 여성의 종속적 지위 결정과 관련된다고 보았다. 따라서 교육, 의료, 정치제도 등의 개선을 통해 남성에게 집중되어 있는 부(富)의 불균등을 해소하고, 사회 속에서의 여성의 위치를 재정의해야만 진정한 여성 해방이 가능하다고 주장한다. 한편 사회주의 페미니즘에 대한 비판점은 이 이론 자체가 워낙 거대이론이기 때문에 구체적인 여성의 다양성을 중심으로 세분화된 여성 억압의 본질을 설명하기가 어렵다는 평가를 받고 있다.

⑤ 에코페미니즘(ecofeminism)

에코페미니즘은 생태학과 여성주의 이론을 결합하여 여성 해방과 자연 해방을 동시에 추구한 사상이다. 이 사상에서는 여성이 자연화되었고, 또 자연은 여성화되었던 논리구조를 통해 페미니즘과 생태주의를 연계하여 논의한다. 여성과 남성, 자연과 인간 문명의 관계에서 '여성과 자연'의 속성이 원래 동일하며, '남성과 인간 문명'의 속성 역시 같다고 보았다. 그리고 인간 문명이 자연을 착취하는 방식과 남성이 여성을 대하는 방식이 유사하다고 논했다. 인간 문명에 있어 수동적, 억압적 대상으로서의 자연의 위치가 가정 및 사회 내에서의 여성의 위치와 일치한다는 입장이다. 그리고 이러한 이원적이고 억압적인 근대적 사유 체계는 여성과 자연 모두에게 유해할 뿐만 아니라 비합리적이라고 평가한다. 여성과 남성, 자연과 인간 문명을 하나로 보고 이들 간의 어울림과 균형을 통해 모든 생명체가 통합되어야 한다고 주장했다. 따라서 에코페미니즘은 자연과 인간이 연계되어 있다는 신념과 함께 생명의 가치, 평등한 삶의 가치를 실현하고자 하는 사상이라고 볼 수 있다. 한편 에코페미니즘 사상에 대한 비판점으로는 여성의 특성을 자연의 특성과 가까운 것으로 해석하여 오히려 여성의 역량과 능력을 돌봄이나 모성성 등의 일부 분야로 한정했다는 의견도 있다.

(2) 남성학 연구의 주요 내용

최근 남성 역시 자신들의 권익 확보를 위해 다양한 학문적 논의와 실천적 행동을 하기 시작했다. 아직은 페미니즘 사상의 학문적 분화 상황만큼 다양하게 발전하지는 못했으나, 여러 사회 분야에서 관심을 받기 시작하고 있다. 최근까지 이어져 온 남성학의 대표적인 논의를 정리하면 다음과 같다.

첫째, 최근의 남성학에서는 남성의 생계부양자로서의 책임에 대한 부담감을 다루고 있다. 이는 노동시장에서 자신의 노동력을 평가받고, 조직에 들어가 경쟁하고, 상명하복 구조에 익숙해져야 하는 삶의 어려움과 자본주의 시장에서 소모품으로 전락한 소외 현상에 관한 것이다. 또한 남성들은 노동과정에서 건강 악화 문제에 직면해 있는 경우가 많다. 예를 들어서 중년 남성의 과로사, 돌연사 등의 문제는 이미 많은 사회구성원들이 알고 있는 익숙한 사회문제라고 할 수 있다.

둘째, 가정에서 심리적으로 친숙한 가족 구성원으로서 인정받지 못하고 소외감을 느끼는 이방인으로서의 삶의 어려움이 논의되고 있다. 집 밖에서는 노동시장에서의 사회적 위치로만 자신의 정체성을 부여받고 있고, 가정에서는 심리적으로 외톨이가 되는 남성의 내적 갈등을 연구하고 있다.

셋째, 현대사회에서 남성은 남성다움이라는 심리적 신화를 강요받고 있다. 자신의 감정을 쉽게 드러내서도 안 되며, 항상 자신을 강한 남성이라고 인식해야 한다. 왜냐하면 남성의 감정 표현 억제에 대한 사회화 과정이 많은 사회에서 진행되어왔기 때문이다.

지금까지 살펴본 바와 같이 남성학에서 진행되고 있는 논의를 통해 남성의 삶 역시 여성의 삶과 마찬가지로 여러 가지 억압적 성격의 사회적 기제에 노출되어 있다는 것을 알 수 있다. 이제 현대사회에서는 그동안 간과되었던 남성의 삶에 대한 본격적인 사회적 성찰이 요구된다. 현재 진행 중인 포스트모던 사회의 질서 속에서는 사회적으로 강요된 성별 역할 구분과 또 그것에 기반을 둔 공사(公私)이분법에 대한 차별적 사회적 인식을 없애는 것이 중요하다. 궁극적으로 인간은 이 같은 의사소통 과정을 통해 총체적 인간 소외 현상을 극복할 수 있어야 한다. 이제는 사회에 존재하는 남성과 여성의 심리적, 행동적 역할에 대한 성찰적인 논의가 지속적으로 이루어져야 할 것이다.

9

일탈 · 범죄의 원인과 해결방안

일탈·범죄의 원인과 해결방안 9

1) 일탈과 범죄의 개념적 논의

'일탈행위(deviant behavior)'는 일상생활에서 발생하는 일련의 크고 작은 사회적 규범에 대한 위반 행위를 총칭한다. 여기에서 말하는 규범은 인간이 사회생활을 하는데 올바른 기준으로 삼는 일정한 행동양식을 의미한다. 따라서 대부분의 일탈은 주로 사회에서 부정적으로 평가되는 행위의 모습으로 나타난다.

한편 범죄(crime)는 법에 의거하여 공식적인 제재가 가해지는 위법 행위를 가리킨다. 법은 규범의 한 범주이므로 범죄 역시 일탈 개념에 포함되긴 하지만, 규범 위반 행위가 모두 위법 행위라고 보기는 어렵다. 예를 들어 다른 사람과 대면하는 공식적인 모임에서 큰 소리로 말하는 행위는 특정 문화권에서는 규범 위반이지만, 이것이 법을 위반한 것이라고는 보기 어렵다. 반면 도박, 사기 등의 행위는 위법 행위인 동시에 규범 위반 행위가 된다.

2) 일탈(범죄)을 둘러싼 사회학적 논의 : 왜 일탈이 일어나는가?

일탈이 왜 일어나는지에 대한 사회학적 설명은 매우 다양하다. 일탈 및 범죄와 관련한 사회학 이론에서 비교적 많이 언급되는 내용을 정리하면 다음과 같다.

(1) 사회학습이론(차별교제이론)

일찍이 에드윈 서덜랜드(Edwin H. Sutherland)는 차별교제[차별결합]이론을 통해 학습 과정에서 일탈과 범죄가 나타나는 현상을 설명했다. 서덜랜드는 일탈을 사회적 규범에서 벗어나는 환경 속에서 일탈자와 접촉하여 그들의 문화와 행동을 학습한 사회화의 결과로 보았다. 그리고 어떤 특성을 지닌 사람을 만나 자연스레 어울리는 과정 자체를 차별교제[차별결합]라고 개념화했다. 즉 어떤 사람이 법이나 규범을 준수하지 않는 사람으로부터 일탈적 가치를 학습하게 되면, 이것이 내면화되어 일탈행동을 저지를 가능성이 높아진다고 본 것이다. 일탈자를 만나는 빈도, 기간, 우선성[일탈자와 일탈자가 아닌 사람 중 주로 누구를 먼저 만나는가], 친밀성[이탈자와 얼마나 친한가]의 강도에 따라 일탈에 대한 학습 정도가 다르며, 따라서 실제로 일탈행동을 하는 정도 역시 차이가 나타난다고 분석했다.

(2) 사회통제이론

사회통제이론에서는 인간 본성의 특징에 의해 누구나 일탈과 범죄를 저지를 수 있다고 본다. 이 이론적 논의의 대표적 학자인 트래비스 허쉬(Travis W. Hirschi)는 인간의 일탈적 성향은 외부와 내부의 통제 기제들에 의해 억제될 수 있다고 주장한다. 이 이론은 사회통제의 질서를 강화하는 사회적 유대의 조건을 애착, 관여, 참여, 신념의 네 가지로 보고, 이들 사회 유대의 상태가 지속되지 않으면 사회통제의 기제들이 약화되어 일탈과 범죄를 저지를 가능성이 높아진다고 분석했다. 예를 들어 부모, 교사, 또래 집단과의 관계 속에서 정서적 유대가 형성되면, 그들과의 '애착' 관계로 인해 일탈을 하지 않게 된다. 또한 미래에 자신이 원하는 사회적 지위로 이행하는 과정에서 이를 달성하기 위한 여러 가지 노력에 스스로 '관여'되어 있다면, 평소에 일탈행동을 하지 않도록 말과 행동을 더 조심하게 된다. 예를 들어 미래에 교사나 공무원이 되기 위해 준비하는 학생은 이 목표를 이루기 위한 노력을 기울이며, 이 과정에서 더 많은 노력에 관여할수록 한 번의 일탈행동으로 미래의 꿈이 무너지지 않도록 더욱 주의할 것이다. 또한 평소 건전한 취미나 교우관계 활동에 '참여'하는 사람은 특별히 일탈에 흥미를 가질 시간도 없을뿐더러 일탈행동 자체에 흥미가 적으므로 일탈을 저지르지 않을 가능성이 높다. 일탈을 통제하는 이러한 외적 요인 외에도 사회적 규칙과 법, 규범을 준수해야 한다고 생각하는 개인이 지닌 '신념'과 같은 내적 통제 기제가 있다. 허쉬는 일탈을 하지 않아야 한다는 신념의 정도가 큰 사람은 그렇지 않은 사람에 비해 일탈을 저지르지 않게 된다고 분석했다. 예를 들어 어떤 학교에서 무(無)감독 시험을 실시했을 때, 외부 통제가 없는 똑같은 상황 조건이라도 스스로 부정행위를 용납하지 못하는 신념이 내재된 학생은 그렇지 않은 학생에 비하여 일탈행동을 하지 않는다.

이처럼 허쉬의 사회통제이론에서는 다양한 통제 질서의 일탈 억제 효과와 사회적 유대관계의 중요성에 대해서 고찰했다. 사회통제이론은 인간의 본성과 함께 인간의 외적, 내적 요인들이 일탈 억제에 작용하고 있음을 이론적으로 구체화하여 논의했다.

(3) 아노미 이론

아노미 이론(Anomie theory)은 어떤 사건에 대한 사회심리학적 긴장 상태를 통해 일탈의 원인을 밝힌다. 이 이론의 대표적 학자인 머튼은 뒤르켐이 제시한 아노미의 개념을 재구성하여 관련 이론을 연구했다. 뒤르켐의 아노미 개념은 급격한 사회변동기에 가치관의 혼란이나 보편적 규범의 부재로 혼란스러운 상황이 발생하는 현실을 다루었다. 아노미란 어떤 사회의 가치나 행위 규범이 약화되거나 상실되어 나타나는 사회현상을 의미한다. 특히 산업사회로의 이행 과정에서 전통적 규범의 붕괴로 생겨나는 혼란스러운 상황을 가리킨다.

머튼의 아노미 이론은 자신이 따라야 할 것으로 생각한 규범이 상실되는 무(無)규범 상태가 되었을 때, 사람들은 삶의 근본적인 기준과 목표 등을 상실하여 일탈행동을 저지른다고 보았다. 구체적으로 말하자면 '문화적 목표'와 '제도화된 수단' 간 불일치로 인해 일탈이 발생한다는 것이다. 이 관계가 일치하는 경우에는 사람들은 동조행동을 하게 됨으로써 일탈을 하지 않게 된다.

아노미 이론에서 말하는 문화적 목표는 사회구성원들이 바람직한 것으로 간주하는 가치와 사상을 의미한다. 즉 행위자가 자신이 원하는 삶의 방향에 대해 어떤 목표를 갖는 것이다. 한편 제도화된 수단은 합법적 경로를 통해 문화적 목표를 달성하는 방법을 의미한다. 사회적으로 인정받는 목표와 수단 중에서 어느 한 가지 또는 두 가지 모두를 부인하는 행동에 대해 사회는 이를 일탈로 규정한다.

머튼은 아노미 상태에서 나타나는 인간 개인의 적응 유형을 제시하면서 문화적 목표와 제도화된 수단을 수용하는지 아니면 거부하는지를 기준으로 일탈의 유형을 다음과 같이 분류했다. 먼저 문화적 목표와 제도화된 수단

둘 다 받아들이는 동조형 적응 유형이 있다. 이 유형은 일탈이라고 볼 수 없다. 다른 한편 문화적 목표는 수용하면서 수단에는 충실하지 않는 혁신형, 문화적 목표는 추구하지 않으면서 제도화된 수단만 충실하게 받아들이는 의례주의형, 문화적 목표와 제도적 수단을 모두 수용하지 않는 상태에서 발생하는 패배주의형, 기존의 문화적 목표와 제도적 수단을 모두 거부하거나 새로운 목표와 수단을 설정하는 반역형 적응 유형은 모두 일탈로 범주화할 수 있다. 머튼이 제시한 개인의 적응 유형에 따른 일탈 범주를 정리하면 아래 표와 같다.

〈표 9-1〉 아노미 상태와 개인 적응 유형

구분	적응 유형	문화적 목표	제도화된 수단
일탈이 아님	동조형(conformity)	+	+
일탈	혁신형(innovation)	+	−
	의례주의형(ritualism)	−	+
	패배주의형(retreatism)	−	−
	반역형(rebellion)	±	±

[참고] + : 수용, − : 거부, ± : 새로운 것을 수용하거나 기존의 것을 거부

첫째, '동조형'은 문화적 목표가 있고 이 목표를 달성하기 위한 제도화된 수단까지 갖고 있으면 굳이 일탈행동을 저지를 이유가 없기에 현재의 사회질서에 동조하는 것이다. 따라서 동조형 적응 행위 유형은 일탈이라고 보지 않는다.

둘째, '혁신형'은 문화적 목표는 수용하지만 제도화된 수단이 없어서 목표를 달성하기 위해 자신 행위의 잘잘못을 떠나 무엇인가 혁신적인 적응 행동을 하는 것이다. 그리고 이 행동이 규범에 어긋나면 자연스럽게 일탈행동으로 규정된다. 예를 들어 어떤 학생이 A학점을 받고자 목표를 세웠으나 이를 위해 시험을 잘 보기 위한 충분한 준비가 되어 있지 않았을 경우 새로

운 비윤리적 수단을 통해 부정행위를 시도할 수도 있다. 이처럼 새로운 부정행위를 준비하고 실행하는 행위가 곧 일탈행동으로 규정되는 것이다.

셋째, '의례주의형'은 추구하는 문화적 목표는 수용하지 않고 제도화된 수단만이 있는 경우에 나타나는 적응 유형이다. 무엇인가 특별히 새로운 과업을 진행할 생각은 없지만, 의사결정이 가능한 사회적 지위에 있는 회사 임직원을 예로 들어보자. 그가 자신보다 직급이 낮은 사람들이 새로운 아이디어의 실행을 제시했을 때, 창조적 업무 성과에 대한 기대 없이 단지 그동안 편하게 해왔듯 의례적인 규범에 따라 과업 진행 수순을 지시했다면 이 역시 일탈행동인 것이다.

넷째, '패배주의형'은 문화적 목표와 제도화된 수단을 모두 수용하지 않았을 경우에 나타나는 적응 유형이다. 자신에게 어떤 일을 할 권한도 없고 무엇인가 새로운 일을 하고자 하는 의지도 없을 때, 주로 은둔생활을 하며 가만히 있는 행동이 바로 이러한 일탈 유형이라 할 수 있다.

다섯째, '반역형'은 기존 사회질서를 거부하고 어떤 새로운 문화적 목표와 제도화된 수단을 만들어 내거나 기존 사회질서의 부당함을 인식하여 이를 없애려고 행동하는 적응 유형이며, 이를 일탈로 규정할 수 있다.

(4) 낙인이론

낙인이론은 일탈 속성 자체가 나쁜 것이 아니라 다른 사람들이 이를 일탈이라고 규정하기 때문에 특정한 행동 유형이 일탈로 인식된다는 입장이다. 이와 관련하여 에드윈 레머트(Edwin M. Lemert)는 일탈 과정을 1차적 일탈과 2차적 일탈로 나누어 설명했다. 1차적 일탈은 사회규범을 위반했지만 개인의 심리적, 사회적 역할 수행에는 영향을 미치지 않는 일탈을 말한다. 2차적 일탈은 1차적 이탈에 대한 사회적 반응에 의해 야기되는 문제들, 또는 하나의 반응으로서 생성되는 일탈을 말한다. 레머트는 1차적 일탈에 대한 낙인이 사회적 관계와 경제적 기회에 부정적인 영향을 미치며, 이로 인해 일탈자는 여러 가지 사회적 기회를 박탈당함으로써 다시 2차적 일탈 행동으로 이어질 가능성이 높다고 주장했다.

(5) 사회해체이론

사회해체이론은 클리포드 쇼(Clifford R. Shaw)와 헨리 맥케이(Henry D. McKay)에 의해 제시된 이론이다. 이 이론은 동심원 이론에 근거하여 일탈을 설명한다. 도시 공간의 특성을 일탈행동에 적용하여 논의한 것이다. 도시는 중심부에서부터 동심원을 이루며, 동심원 내 각 지역은 저마다의 특징을 지니는데, 그중에서 노후화된 특정 지역에서 일탈, 범죄가 발생하기 쉽다고 분석했다. 즉 이 이론은 지역의 사회해체 현상이 일탈과 범죄를 부른다는 관점을 지니고 있다. 일종의 사회생태학적 연구를 통해 지역 특성과 범죄 발생의 관계를 설명했다고 볼 수 있다.

(6) 갈등이론

갈등이론은 법, 제도가 특정 집단을 위해 형성되었으며, 법의 적용 역시 특정 일부 집단에게 유리하게 적용된다는 입장이다. 이 이론에서는 사회적 희소자원을 추구하는 이익집단 간의 갈등 관계에 의해서 사회가 유지된다는 전통적 갈등이론을 전제로 일탈을 설명한다. 또한 법은 권력을 가진 집단에 의해 형성되고 집행되며, 일부 법률은 사회적 힘을 가진 집단의 이익을 유지, 재생산하기 위한 수단으로 이용된다고 주장한다. 즉 우리가 통상적으로 일탈이라고 부르는 행동은 결국 지배집단의 이해관계를 위협하는 행동일 가능성이 높다는 점을 강조한다.

조지 볼드(George B. Vold), 오스틴 터크(Austin Turk) 등은 피지배자의 사회적 특징 중에서 그들의 '규모, 권력, 조직화'의 정도가 커지면, 이에 위협을 감지한 지배자가 그러한 특징 변화와 관련한 법과 제도를 제정, 시행하여 그 정도가 커지는 것을 막으려고 한다고 분석했다. 따라서 이럴 경우, 지배자가 제정한 법과 제도를 어긴 피지배자는 일탈자가 되는 것이다.

3) 일탈의 사회적 기능

한 사회의 일탈행동은 구성원 개인의 심리적 긴장을 야기하고 사회적 질서의 붕괴를 가져오는 등 여러 가지 위험을 내포한다. 그런데, 일탈에 대한 기능론적 입장에서는 일탈이 사회를 구성하는 일정 부분에서 중요한 역할을 한다고 본다. 일탈이 기존 질서의 유지는 물론 긍정적인 변화에 기여하기 때문에 사회가 조화롭게 작동하기 위해서 일탈이 필요하다고 주장한다. 일탈의 사회적 기능을 정리하면 다음과 같다.

첫째, 일탈행동은 공동체 구성원 간 결속력 및 유대 증진에 기여한다. 왜냐하면 비일탈자가 일탈행동을 보면서 그 행동에 위협을 느끼게 되고, 따라서 비일탈자 간 서로 도움을 주고받아야 한다는 심리적 동질감이나 일체감을 느끼기 때문이다. 둘째, 일탈행동이 발생하면 사회는 이에 직간접적으로 반응하여 적절한 대책을 세우게 되며, 기존의 올바른 질서와 규범이 더욱 강화되는 결과를 가져온다. 셋째, 범죄가 아닌 가벼운 수준의 일탈행동은 엄격한 사회규범 속에서 억눌려온 인간의 욕구를 일정 부분 해소하는 기능을 함으로써 사회해체 가능성을 낮추는 안전판 역할을 하기도 한다.

4) 다른 유형의 일탈과 범죄

(1) 화이트칼라(white-collar) 범죄의 특성

서덜랜드는 화이트칼라 범죄에 대해 사회로부터 존경받는 높은 지위에 있는 사람들이 자신의 사회적 위치를 악용해 행하는 범죄로 규정했다. 예를 들어 여러 경제 관련 범죄에 해당하는 부동산 사기, 주식 사기, 산업스파이에 의해 일어나는 범죄 등이 이 유형에 해당한다. 이들 범죄는 수많은 사람들에게 악영향을 미친다. 그럼에도 불구하고 전문지식을 가진 사람들에 의해서 진행되는 경우가 많아서 쉽게 적발되지 않는다. 범죄자들은 오랜 경험을 통해 축적된 그 분야의 지식과 기술을 통해 범죄를 저지르기 때문이다. 화이트칼라 범죄는 조직적으로 이행되는 경향이 있으며, 심지어 발각되더라도 다른 일반적인 범죄들에 비해 사회적 비난을 적게 받는 경우가 많다.

(2) 사이버 범죄의 특성

사이버 범죄는 온라인 공간과 관련한 컴퓨터 네트워크를 통해 나타나는 범죄를 총칭한다. 사이버 범죄는 사이버 문화만이 가진 익명성, 비대면적 관계에 의한 의사소통 가능성, 시공간의 확장성 등의 특성 때문에 더욱 급속히 확산하고 있다. 사이버 범죄는 통신사기, 통신도박, 온라인 사기 거래, 사이버 테러, 사이버 성폭력, 사이버 성매매, 개인정보 및 프라이버시 침해, 저작권 침해, 사이버공간 내에서의 비방 등의 형태로 나타난다.

5) 일탈, 범죄 문제의 해결과 사회적 대책

먼저 일탈, 범죄의 관리, 억제 방안으로 실제적, 제도적 통제를 기반으로 관련 처벌 규정을 강화하는 방법이 있다. 또한 지역 자체적으로 자율방범대를 조직하거나 신속하고 정확한 범죄 신고 시스템을 구축하는 방법도 있다.

처벌 이후의 보호관찰, 감시 등의 지속적인 후속 조치 역시 일탈과 범죄를 관리하는데 필요하다. 일탈자, 범죄자 대상의 교화 교육을 통해 추가적인 일탈, 범죄 행위를 막는 문화적인 예방책도 중요하다.

무엇보다 교육을 통해 일탈, 범죄 행동을 예방함으로써 건전한 사회문화를 확립하기 위해서는 한 사회의 법적, 윤리적 규제 수준 등에 대한 사회적 합의가 이루어져야 한다. 그리고 사람들이 생활하는 조직 내의 권위적이고 강압적인 문화, 반민주적 소통문화 등을 변화시킴으로써 생활권에서 인간의 기본적인 권리를 서로 존중하는 사회구성원 각자의 끊임없는 노력이 요구된다. 이 같은 노력들은 인간의 유대감을 강화시켜 상호 간 신뢰에 근거한 사회적 안전망을 구축하는데 도움이 될 것이기 때문이다.

10

사회계급과 계층 : 불평등과 복지의 이론화

사회계급과 계층 : 불평등과 복지의 이론화

10

1) 계급과 계층

(1) 계급과 계층의 개념적 논의

사회학에서 다루는 여러 가지 학술 용어 중 고유한 연구 영역으로서의 특징을 잘 설명해주는 개념이 계급(class)과 계층(stratum)이다. 계급은 주로 공통된 경제적 자원을 가진 사람들의 집단으로 나눠진다. 또한 유동적인 성격을 지니며, 대부분 물적 자원의 소유와 통제에 의한 불평등 구조에 의해 생겨난다. 일찍이 마르크스는 계급을 생산력과 생산관계를 기반으로 형성된 갈등적 계급 체계를 통해 분석했다. 계급은 사람들 사이의 적대적 관계를 포함하며 생산수단의 소유 여부가 계급을 구분하는 중요한 기준이 된다.

한편 일상생활에서 계급과 유사한 개념으로 명명되는 계층은 소득 등의 경제적 요소 외에도 교육수준, 직업, 생활양식 등의 비경제적 요인의 영향에 따라 나뉘는 층위를 포함하는 개념이다. 계급은 경제적 불평등의 성격이 강한 반면, 계층은 경제적 불평등을 포함하여 그것보다 더 다원적 불평등의 성격을 드러낸다. 한편 계층에는 계급의 개념 규정에서 나타난 지배-피지배 관계의 적대적 갈등 체계의 의미가 포함되지는 않는다.

어떤 사회에서도 구성원들 간에는 여러 가지 기준에 따른 다양한 계급적, 계층적 층위가 존재한다. 하지만 이 두 가지 용어 구분은 주로 학술 연구 과정에서 적용되는 개념이며, 일상에서는 이 두 개념이 혼용되어 사용되는 경우가 많다. 중요한 것은 계급과 계층이 한 사회의 불평등 현상을 연구하는 과정에 있어서 사회학의 매우 중요한 연구 주제라는 점이다. 계급과 계층 연구를 통해 다양한 사회적 지표가 구성되며, 관련 정책이 수립된다.

일찍이 계급과 관련한 주요 이론적 논의는 마르크스에 의해 주도되어 진행되었다. 마르크스는 생산수단에 있어 공통 관계를 맺는 집단으로 계급을 나누었다. 그는 계급 간 관계가 착취적이며, 착취의 본질은 노동에서 발생하는 잉여가치를 자본가가 가져가는 것이라는 입장을 취했다. 이로 인해 노동계급은 점차 물질적 부유함을 향유하지 못하게 되고 궁핍해진다는 이론적 논리를 펼쳤다.

한편 베버는 사회의 중요 특징으로 권력과 자원을 둘러싼 갈등을 다루며 계층 문제를 심층적으로 연구했다. 베버는 계층이 계급에 의해서만 형성되지 않으며, 여기에 지위집단(status group)과 파당[권력](party) 개념이 합쳐져 특정 사회구성원의 계층적 층위가 결정된다고 논했다. 계층을 결정짓고 불평등을 유발하는 지표는 크게 세 가지로 나눌 수 있다. 첫째, '계급'의 위치는 물질적 소유 정도뿐만 아니라 시장에서의 위치, 학위, 졸업장, 기술 등으로부터도 영향을 받는다. 둘째, '지위집단'은 사람들로부터 인정받은 명예, 위신 등의 생활양식에 따라 구조화된 집단으로 이 역시 계층구조와 불평등 체계에 영향을 미친다. 셋째, '파당[권력]'은 공통의 배경이나 목적, 이해관계에 의해 함께 행동하면서 발생하며, 이 역시 계층 형성 및 불평등 문제와 깊은 관련이 있다.

(2) 계급구조와 계급 형성

'계급구조'는 생산을 둘러싼 사회적 관계에 의해 일어나는 계급 분화와 사회적으로 구성된 계급적 위치를 총체적으로 의미한다. 특정 사회가 과연 몇 개의 계급으로 나눠지고, 각 계급의 크기는 얼마나 되며, 어떻게 변하는지의 문제는 계급구조 연구에 있어 중요한 주제가 된다. 한편 '계급 형성'은 계급 구성원들이 동일한 계급적 이해를 인식하여 이를 관철하기 위해 조직적 집단을 만드는 과정이다.

계급구조와 계급 형성의 차이는 마르크스가 계급 연구에서 제시한 '즉자적(卽自的) 계급(class in itself)'과 '대자적(對自的) 계급(class for itself)'의 차이와 거의 유사하다. 즉자적 계급은 생산관계 속에서 같은 위치에 있는 계급으로 동일한 경제적 이익을 공유하는 사람들의 집단이라고 할 수 있다. 즉자적 계급은 어떤 계급에 속해 있는지에 대한 명확한 계급의식이 없다. 반면 대자적 계급은 공통의 이해관계를 바탕으로 정치적으로 조직된 투쟁을 할 수 있는 계급집단을 의미한다. 대자적 계급은 자신이 속한 계급적 위치를 파악할 수 있는 충분한 계급의식을 갖고 있다.

계급구조는 이미 고정된 계급 체계를 의미한다는 점에서 즉자적 계급과 유사한 개념이며, 계급 형성은 즉자적 계급에서 대자적 계급으로 발전해 나가는 과정으로 볼 수 있다. 마르크스의 논리대로라면 노동자들이 착취적 생산관계를 인식하기 시작하여 점차 대자적 계급으로 변화하면서 계급의식이 생기는 것이라고 볼 수 있다. 물론 계급 형성은 단선적, 누적적으로 진행되는 것이 아니라 조직되었다가 와해되기도 하고, 재조직되는 과정이 이어진다.

계급 형성은 계급구조에 의해 직접적으로 진행되지는 않는다. 두 사회가 비슷한 계급구조를 가지고 있더라도 서로 다른 계급 형성과정을 보여주기도 한다. 사회에 따라서 동일한 노동자 계급에 속한 사람들이라도 이들 모두가 자신이 속한 계급이 처한 불평등을 생각하면서 노동운동을 하는 집단으로 변화하지는 않는 것이 그 예이다.

(3) 사회이동

사회계층 체계에서 개인이나 집단의 움직임을 '사회이동(social mobility)'이라고 지칭한다. 즉 사회이동은 한 개인이나 집단이 계급 또는 계층 사이를 옮겨가는 것이다. 일반적으로 이동은 지리적 이동과 사회이동으로 나뉜다. 지리적 이동은 물리적 공간에서의 이동을 의미하며, 사회이동은 조직 내 위계 변화, 계급구조의 위치 변화 등을 의미한다. 개인의 사회이동에 중요한 영향을 미치는 요인들은 교육, 지능, 결혼, 운수(運數) 등 매우 다양하다.

사회이동은 그 방향성에 따라 다시 수직이동과 수평이동으로 구분할 수 있다. 수직이동은 계층 간 상승 또는 하강 이동을 통해 다른 위계적 지위로 옮겨가는 현상을 의미한다. 수평이동은 동일한 위계적 지위를 갖는 다른 사회적 위치로 옮겨가는 현상을 의미한다. 수직이동의 정도가 클수록 계급구조가 개방적인 사회라고 할 수 있으며, 이 사회에서는 계급 불평등이 귀속성보다는 업적성에 의존한다.

사회이동은 세대 간에 이루어지기도 하고, 한 세대 내에서 진행되기도 한다. 세대 간 사회이동은 한 세대와 다음 세대에 걸쳐 이루어지는 계층의 수직이동으로 이는 주로 부모의 지위와 자녀의 지위를 비교하여 연구한다. 세대 내 사회이동은 주로 한 개인의 직업 지위의 변화와 관련하여 두 시점에서 그 각각에 위치한 직업 지위의 층위를 비교하여 연구한다.

많은 사회학자들이 사회이동을 연구하는 이유는 경제적 부(富), 사회적 기회, 특권 등의 희소자원의 불균등한 분배가 세대 간에도 지속되는지에 대한 사람들의 관심 때문이다. 계급 경계를 넘어선 사회이동이 얼마나 빈번한

가에 따라 계급구조의 경직화 여부를 판별할 수 있다. 물론 한 사회의 계층 구조가 개방적이라고 해서 모든 사람이 다 같은 정도의 사회이동을 할 수 있다는 것을 의미하지는 않는다. 그럼에도 불구하고 사회경제적으로 여유 있는 집안에서 태어난 사람이 빈곤한 집안에서 태어난 사람보다 훨씬 유리한 조건의 계층 간 상승이동을 보장받는다는 것은 부인하기가 어렵다.

한편 한 사람이 얻게 되는 지위는 그 성취방법에 따라 귀속성과 업적성으로 구분 가능하다. '귀속적 지위'는 태어날 때부터 얻게 되는 지위로 성, 인종, 연령 등이 여기에 해당된다. '업적적[성취적] 지위'는 일생을 살아가면서 얻게 되는 지위로 일정 정도는 행위자 스스로가 변화시킬 수가 있다. 하지만 역설적이게도 업적적 지위의 상당 부분은 귀속적 지위에 따라 결정되기도 한다. 예를 들어 한 사람이 얼마나 많은 교육을 받았는지의 학력과 관련된 사회적 지위는 당연히 교육받은 사람의 노력에 따라 달라지겠지만, 다른 한편으로는 그 사람의 가정의 여러 가지 상황과 형편에 의해서도 좌우될 수 있는 것이다.

이 같은 이유로 일찍이 피티림 소로킨(Pitirim A. Sorokin)을 비롯한 여러 학자들은 사회이동을 억제하는 외부의 힘이 우리 사회에 존재한다고 논의하기도 했다. 소로킨은 사회이동과 관련한 특성과 관련하여 다음과 같은 내용의 연구를 진행했다.

첫째, 사회이동은 직업적 위계 속에서 동일 수준에 있는 집단 사이에서 더 빈번하게 일어나며, 서열의 극단일수록 사회이동이 더 적게 발생한다고 주장했다. 최상층부에서 사회이동이 가장 적게 나타나는 이유는 바로 우세한 지위를 차지한 사람들이 자신의 지위를 유지하려고 하기 때문인 것이다.

둘째, 대부분의 사회이동은 계급 간 경계선 부근에서 이루어진다고 주장했다. 즉 계급 간에는 완충지역(buffer zone)이 있기 때문에 사회경제적으로 완전히 먼 거리로의 이동의 정도는 제한된다는 것이다. 이 완충지역은

하위계층에서 올라오려는 사람들이 더 이상 올라오지 못하게 하는 천장 역할을 하는 반면, 위에서 내려오게 되는 사람들은 더 이상 떨어지지 않게 하는 그물과 같은 역할을 한다.

셋째, 사회이동 과정에서 그 이동을 억제하는 사회적 힘이 작용한다고 분석했다. 전문화, 관료제화, 노동기술의 발달 등으로 중간층 이상의 계층으로 오르는 과정에 공식교육이 강조되지만, 직무를 통한 훈련이나 경험의 중요성은 오히려 약화될 수도 있다고 본 것이다.

사람들은 특정한 지위에서의 사회이동을 경험하게 되면, 이전에 유지하던 심리적 안정이 자연스럽게 무너지기 쉽다. 예를 들어서 사회이동의 결과, 그동안 스스로 갖고 있던 편견이 심화되기도 하고, 새로운 사회경제적 지위에 따른 부적응 문제가 생기기도 한다. 또한 문화적으로 고립되거나 정신적인 스트레스를 경험하기도 하며, 정치적 성향이 바뀌거나 정치문제에 대해 과잉 동조 현상이 발생하기도 했다.

2) 불평등의 사회적 쟁점 : 빈곤과 복지의 문제

(1) 빈곤의 개념적 논의

빈곤은 생존의 문제, 불평등의 가치와 여러 가지 실제적 요소들을 내포한다. 빈곤은 생활수준의 의미를 담고 있는 '절대적 빈곤'과 불평등 개념을 내재한 '상대적 빈곤'으로 구성된다. 빈곤 개념에 포함된 속성은 크게 세 가지로 나뉘는데, 결핍, 불평등, 빈곤문화가 그것이다. 첫째, '결핍'은 통상적인 생활을 하는데 있어 무엇인가가 부족한 상태를 의미한다. 둘째, '불평등'은 차별로 인한 상대적 박탈감과 관련된 빈곤 상태를 의미한다. 셋째, '빈곤문화'는 빈곤한 사람에게 내재되어 있는 정신적, 육체적 특징을 의미한다. 예를 들어 빈곤문화에는 게으름, 무력감, 의존성, 열등감, 무관심 등의 생활 태도가 주로 포함된다. 이 같은 빈곤문화에 포함된 태도와 행동은 쉽게 대물림되며, 주변 사람들에게까지 영향을 미치는 경우가 많다.

한편 빈곤이 발생하는 원인은 여러 가지가 있다. 그 중에서도 빈곤과 정책의 필요성에 대한 연관성을 중심으로 연구한 바에 의하면, 빈곤의 이유는 각각 개인적 이유와 사회적 이유로 설명가능하다.

첫째, 빈곤의 원인을 개인적 이유로 보는 사람들은 가난한 사람 개인의 빈곤문화에서 경제적인 어려움이 비롯된다는 입장이다. 빈곤문화론으로 명명되는 이 논의에서 빈곤한 사람들은 앞서 언급한 그들 특유의 하위문화 내에서 나타나는 태도 및 행동상의 특징들을 사회화 과정을 통해 체득하고 세대를 통해 대물림하게 된다. 그리고 그들 개인이 빈곤문화로부터 쉽게 빠져

나올 수 없다고 본다. 빈곤문화론을 지지하는 사람들은 빈곤 자체가 개인의 책임이기 때문에 사회복지정책은 무의미하다는 입장을 보인다.

반면 빈곤의 원인을 사회적 이유로 판단하는 사람들은 빈곤 이면에 더 큰 구조적 압력이 있다고 주장한다. 빈곤을 유발하는 억압적인 상황, 즉 성(性), 인종, 직업적 위치, 교육 수준 등에 따라 사회적 자원이 불균등하게 배치되므로 이를 일정 정도 해결하기 위한 사회복지정책이 필요하다고 본다.

최근에는 빈곤을 '사회적 배제'와 연계하여 연구하기도 한다. 한 사회에서 생활하는 사회적 약자들은 사회적 안전망으로서의 네트워크가 약하게 구축되어 있다고 본다. 예를 들어서 노인, 장애인, 다문화가족, 아동 등이 사회문화적 자원 배분 과정에서 배제되는 현상을 완화하기 위해서는 체계적인 정부의 사회정책이 필요할 수도 있다. 이처럼 다양한 형태로 나타나는 빈곤 현상의 완화를 위한 관련 정책의 제정 및 운영 과정에 대해서 구성원들의 지속적인 관심이 요구된다.

(2) 사회복지의 개념과 유형

사회복지는 사회구성원 모두의 행복을 추구하려는 집단적 차원의 노력을 의미한다. 대부분의 사회에서는 복지를 누리지 못하는 사람들을 복지 상태로 전환하기 위해 사회구성원들이 공동으로 노력한다. 사회복지 활동의 동기는 이윤추구 등의 경제적 동기가 아니라 주로 상부상조 또는 이타주의에 기반을 둔 사회적 동기로 이루어진다.

사회복지 개념을 범주화하면 광의와 협의의 개념으로 구분할 수 있다. 광의의 사회복지 개념은 국민의 기본적 생활에 관련된 서비스로 정책과 제도를 모두 포함한다. 한편 협의의 개념에서는 사회적 약자 대상의 구체적인 복지사업으로 그 범위를 한정한다.

사회복지 유형 분류와 관련하여 많은 학자들이 연구를 진행했다. 그 중에서 많이 인용되는 분류의 유형은 해럴드 윌렌스키와 찰스 르보(Harold L. Wilensky & Charles N. Lebeaux)의 보충적 개념과 제도적 개념의 분류이다.

첫째, 보충적 개념은 간섭받지 않는 자유, 개인주의, 시장경제원칙을 기본 가치로 삼고 자본주의 이념을 충실히 수용한다. 절대적 빈곤 개념에 기반을 두고 빈곤의 책임을 개인에게 묻는다. 국가의 책임을 최소화하는 '선별주의' 가치를 선호하여 사회복지의 주된 수혜자를 정하기 위해서는 육체적으로 약하거나 사회에 적응하지 못하는 사람을 선택적으로 파악해야 한다고 주장한다.

둘째, 제도적 개념은 빈곤으로부터의 자유를 중요한 가치로 여긴다. 빈곤에 대한 사회적 책임을 강하게 인식하고, 상대적 빈곤 개념에 의거하여 사회적 박탈감을 인정한다. 국가의 책임을 강조하는 보편주의 가치를 선호하여 지극히 정상적인 사회구성원도 사회복지 수혜자 대상이어야 한다고 주장한다.

한편 이 같은 유형 분류를 넘어 최근 사회복지 부문에서 사회적 연대가 중요시 되고 있다. 여기서 말하는 '연대'란 둘 이상의 사회구성원들이 어떤 일을 하거나 함께 책임을 지는 것을 의미한다. 앞으로의 사회복지는 빈곤, 질병, 노령, 산업재해 등의 사회적 위험에 대비하여 사회적 배제가 극복되는 방향으로 연대 가치를 실현해야 할 것이다.

(3) 복지국가의 개념과 이에 대한 비판

사회복지 관련 주요 정책을 운용하는 현대사회의 복지국가는 국민의 기본적 생존권을 보장하고 복지 유지와 향상을 국가의 중요 임무로 간주한다. 제2차 세계대전 당시 나치 독일의 전쟁국가(warfare state) 개념에 대항하기 위해 영국에서 시작된 복지국가는 최소한의 인간적인 생활을 위해 국민복지를 제공하고, 이를 유지하고 향상하기 위해 노력하는 국가의 성격을 지니고 있다. 최근 세계화를 추동한 신자유주의 사상에 근간을 둔 자본주의의 폐해를 극복하기 위해서 국가조직 확대 필요성 여부에 대해서 활발하게 논의되고 있다. 만약 복지국가의 역할이 강조된다면 결국 그것은 세계가 복지국가의 공공적 기능을 포함하는 '큰 국가'의 역할에 주목한다는 의미이다.

하지만 이 같은 복지국가의 위상과 역할을 비판하는 주장도 적지 않다. 이와 관련하여 특히 많이 인용되고 있는 학자들의 주장 내용을 정리하면 다음과 같다.

① 우파의 비판

프리드리히 하이에크(Friedrich A. von Hayek)는 신자유주의 입장에서 복지국가를 직접적으로 비판한다. 신자유주의가 시장 기능과 민간의 자유로운 시장 활동을 중시하는 논리인 만큼 국가가 분배정의라는 명분으로 시장경제체제에서의 경제 과정에 개입하는 것을 강력하게 반대한다. 하이에크에 따르면, 정의는 인간의 의지가 개입하는 과정에만 적용될 수 있는 개념인데, 시장경제에 의해 결정되는 분배는 인간의 의지가 개입될 수 없는 현상이다. 따라서 분배정의를 인위적으로 관철하려 든다면, 개인의 자유를 박탈하는 결과가 초래될 것으로 보았다.

한편 로버트 노직(Robert Nozick)은 자유지상주의를 내세워 '최소국가'가 의미하는 바가 중요하다고 보았다. 노직은 국가의 역할이 개인의 생명, 재산에 대한 권리를 보호하고 유지하는데 국한되어야 한다고 주장한다. 빈곤과 불평등을 줄이려는 정책은 신성불가침한 개인의 기본적 소유권을 침해하기 때문에 정의롭지 않다는 입장이다. 부자들에게 부과한 세금을 가난한 자들에게 재분배하는 혜택은 부자들에게 강제노동을 강요하는 것과 같은 의미라는 입장이다. 그는 국가의 역할에 대해 최소국가 개념을 넘어서는 어떠한 역할도 정당화될 수 없으며, 개인의 소유권을 무조건 보장해야 한다고 주장했다.

② 마르크스주의의 비판

마르크스주의자들은 복지국가가 자본주의 체제 모순의 원천인 자본주의적 생산관계는 내버려 둔 채 소득 재분배 관계에만 개입하기 때문에 불평등 문제에 대한 근본적인 해결책이 될 수 없다고 주장한다. 복지국가는 계층 간 차이를 유지한 상태에서 정책적 지원을 하게 된다. 따라서 그 정책 실행 과정에서는 시장경제에서 발생하는 계급 간 갈등과 모순이 사라지지 않고 재생산될 뿐이라고 비판한다.

(4) 사회복지의 미래

현재 포스트모더니즘 시대에 놓여있는 노동계급의 구조적 특징 하나를 이야기하면, 노동의 이질화와 다양화로 인해 포디즘 체제에서처럼 노동자들이 효과적으로 연대하기가 더 이상 어렵다는 것이다. 과거 육체노동자 중심으로 단결한 노동계급이 현재는 다양한 형태로 분화하고 있다. 노동계급 내각 층위에서도 정규직과 비정규직 간 갈등이 나타나고 있고, 숙련노동과 비숙련노동 간 이해관계의 분절화 현상도 발생하고 있다. 따라서 과거처럼 노동자 연대에 의해 복지정책이 확장되기란 쉽지가 않다.

이 같은 상황에서도 현재 사회복지는 보완적 성격에서 제도적 성격으로, 자선 개념에서 시민 권리 개념으로, 최저 기준 지원에서 최적 기준 지원으로, 단순 빈민 구제에서 복지사회 구현으로 그 개념이 변화, 확장되고 있다. 특히 신자유주의의 대두로 발생한 다양한 사회문제를 해결해 줄 국가의 역할 역시 다시금 중요해지고 있다. 즉 다양하게 확산하는 사회적 위험에 어떤 원칙으로 대처할 것인가에 대한 인간의 본원적 고민이 시작되고 있는 것이다.

사회복지와 관련하여 더 이상 국가에만 무조건적으로 의지할 수는 없다는 사회구성원들의 인식도 나타나고 있다. 이에 따라 시민사회도 주도적으로 나서서 사회적기업, 협동조합 등 새로운 형태의 응용된 복지체계를 운영하고 있다. 위험사회 극복을 위한 사회복지 원리는 이타주의적 가치에 입각한 시민 협력을 통해 추후 더 나은 방향으로 실현될 수 있을 것이다.

11

노동과 여가 : 일상생활의 성찰

노동과 여가 : 일상생활의 성찰 11

1) 노동의 사회학적 접근

현대사회에서 대부분의 사람들은 노동을 하며 생활한다. 노동 과정에는 자본이 개입하여 인간은 이에 의존하여 활동을 하게 되며, 개인의 에너지도 동원된다. 또한 산업사회에서는 인간이 노동을 하는 과정에 그들의 행동을 통제하는 시간표와 같은 시간 구조가 영향을 주며, 노동에 동반되는 사회적 접촉을 통해 개인의 정체성이 표현된다. 노동시간의 양은 생산기술이나 집단과 연계되어 각각 복잡한 양상을 보인다. 노동시간의 질은 노동시간의 유연화 과정을 이끄는 사용자의 경영전략 등에 영향을 받기도 한다. 사용자는 노동자와 관련하여 어느 정도 수준의 임금을 보장할 것인지, 이윤 창출을 위해 비용을 어떻게 줄일 것인지, 노동자의 자유 시간을 얼마나 보장할 것인지에 대해 고민한다.

이미 앞서 살펴보았지만, 여러 고전사회학자들은 자신들의 이론적 논의를 노동과 관련하여 심도있게 연구했다. 뒤르켐은 기계적 연대에서 유기적 연대로 바뀌어 가는 사회 결속의 변화 속에서 분업에 의해 지속되는 노동의 원리를 연구했으며, 마르크스는 자본가와 노동자 관계에서의 노동을 둘러싼 갈등에 대해 설명했다. 베버는 관료제를 통한 자본주의의 합리화 과정을 논의하면서 현대사회의 노동 및 노동을 이끄는 조직의 특징에 대해 연구했다.

노동은 육체적, 심리적 고통을 수반하지만, 그 대가로 경제적 보상이 뒤따른다. 과거 산업화시기에 공장노동은 돈을 벌 수 있는 생계 수단 획득의 기회를 제공하였는데, 한편으로는 그 대가로 노동자들이 인격적인 모욕과 폭력을 견디어야 하는 시기도 있었다. 그 과정에서 점차 작업장에서의 노동 통제에 대한 저항이 노동운동으로 확산하여 자본과 노동의 본격적인 대립구도가 형성되기도 했다.

노동문제는 국가의 통치체제와도 관련되어 있다. 권위주의 국가에서는 정경유착(政經癒着)을 통해 국가가 노동운동에 대한 감시와 처벌을 직접 주도하기도 했으며, 이러한 국가의 후원하에 기업이 노동시장을 통제하고 지배하는 현상이 나타나기도 했다. 최근에는 초국적, 다국적 기업의 영향으로 국가 주도의 경제체계가 신자유주의로 명명되는 시장주도 경제체계로 변화하고 있다. 세계적 수준에서 이루어지는 금융시장 개방이 그 대표적인 현상이라 할 수 있다. 이와 같은 경제 및 자본의 세계화를 통해 신자유주의 체제의 노동 유연화 현상이 확산하면서 비정규직 취업의 비중이 크게 늘어났고, 다양한 형태의 임시직 고용 형태가 생기면서 노동자들의 고용 불안정과 임금 불안정이 극도로 심화되는 현상도 나타나고 있다.

2) 여가의 사회학적 접근

(1) 여가 개념의 특징

많은 사람들이 노동에 반대되는 삶의 영역으로 여가를 즐기고 있음에도 불구하고, 여가의 개념을 학술적으로 정의하기란 쉽지 않다. 여가의 다양한

개념들을 크게 범주화해보면 시간개념, 활동개념, 주관적 · 심리적 개념 등으로 구분할 수 있다.

첫째, 여가에 대한 '시간개념'은 통상 잔여 시간개념(residual time concept)을 말한다. 여기서 말하는 잔여 시간이란 생활에 필수적인 활동을 위한 시간을 제외한 나머지 자유 시간을 의미하는 것으로, 인간의 생활시간에서 노동시간과 생리적 시간을 뺀 시간을 의미한다. 둘째, 여가에 대한 '활동개념(activity concept)'에서는 여가를 노동, 가족, 사회의 의무로부터 해방되어 휴식, 오락 등을 위해 진행되는 인간 행동이나 창조적 능력의 실현을 위한 자발적 사회참여 등의 개념으로 파악한다. 셋째, 여가를 주관적 상태로 정의내리기도 한다. 이 개념에서 여가는 인간이 자기계발 등을 위해 주체적인 의식을 갖고 자유롭게 행동하는 심리상태로 본다.

과거 전통사회에서는 인간 스스로가 주도하는 의식적 선택에 따른 여가 향유의 권리나 자유가 누구에게나 부여되지는 않았다. 미분화(未分化)된 생활패턴이 사회의 주요 삶의 문화를 이루었던 전통사회에서는 일상생활의 속도가 지금처럼 빠르지 않았기 때문에 현재처럼 시간 이용에 대한 욕구가 사람들에게 치열하게 인식되지는 않았었다. 그러던 중 노동과 여가 영역이 분화되는 산업화 시대로 넘어오면서 사람들은 효율성을 중시하는 삶의 가치들을 갖게 되었다. 전통사회에서는 노동은 힘든 것이므로 피지배계급이 해야 한다는 부정적 노동관이 지배계급의 가치로서 자리 잡았었지만, 종교개혁 이후 노동에 대한 인식 체계가 바뀌는 전환점을 맞게 된다. 노동은 고통스러운 것이라고 여겼던 부정적 노동관이 배척되고, 도덕적이고 종교적인 의무로서 긍정적인 의미를 지닌 새로운 노동관이 부각된 것이다.

종교개혁 당시 마틴 루터(Martin Luther)는 노동을 할 수 있는 사람은 누구나 땀 흘려 일해야 하고, 게으름은 자연의 순리에 반(反)하는 사악한 도피라고 규정하면서 긍정적인 근대적 노동관을 제시하기도 했다. 이 같은 사고의 변화는 역사적으로 중요한 의미를 지닌다. 예정설 등에 기초한 초기 프로테스탄티즘(Protestantism)이 근대 자본주의가 요구하는 행위를 생활세계에서 정당화시킴으로써 신흥 중산층을 중심으로 노동중심적 의식이 보편적 생활 가치로 자리 잡게 된 것이다. 이 과정을 통해 노동에 대한 신성한 가치 인식이 산업사회를 지배하게 된다.

그런데, 최근 정보사회, 융합사회를 맞이하여 산업사회를 지배했던 노동중심의 생활양식에 또 다른 변화가 나타나기 시작했다. 사회가 행위자에게 지속적으로 강요해오던 노동중심적 삶의 패턴에 대해 구성원들이 성찰하기 시작한 것이다. 사람들이 자신의 행위를 스스로 통제하지 못하는 수동적 주체로서 노동만 하는 것에 대해서 불만을 갖게 되면서 탈일상적 시·공간에서의 자유로운 생활을 꿈꾸게 된 것이다. 물론 일상적 노동환경에서 벗어나 여가문화를 능동적으로 향유하기 위해서는 가용(可用)할 수 있는 시·공간의 자원이 필요하다. 이를 위해 인간은 여전히 노동을 하게 되지만, 과거 산업화 시대에 그들에게 부여되었던 노동의 가치에 비해 현재 삶에서의 노동의 위상이 낮아진 것은 분명해 보인다.

최근 포스트모더니즘 시대로 접어들면서 사람들은 본격적으로 노동뿐만 아니라 삶의 정체성에 대해 스스로 사색하고 즐기는 여가문화에도 관심을 갖기 시작했다. 아직까지 사회구성원들이 노동중심적 삶에서 완전히 탈피했다고 보기는 어렵지만, 적어도 이제는 사회구성원 각자가 자신의 삶의 질을 높이기 위한 규칙적인 여가 참여의 필요성을 인식하고 있다. 또한 사람들이 여가 참여의 욕구를 제약하는 개인적 · 사회적 요인들을 생각하면서 자신의 여가활동을 방해하는 요소들을 경계하기 시작했다. 이에 사람들은 각자 여가 참여 과정에서 소비되는 주체적 가용시간, 비용, 혜택, 만족감 등을 지속적으로 활용하고 재현하기 위해 노력하고 있다.

3) 일과 삶의 균형(Work-Life Balance)

이처럼 사회학에서의 노동과 여가에 대한 연구는 단순히 행위자의 개인활동 개념을 넘어 인간의 일상적 · 탈일상적 사회생활을 가능하게 하는 사회과학적 주제로서 논의되고 있다. 특히 여가활동은 산업화 시대에 중요하게 인식되지 않거나 심지어 존재하지 않았던 새로운 미시적 문화코드이면서 동시에 복잡한 사유 체계 속에서 타자와의 기호교환을 통해 나타나는 사회구조적 현상이기도 하다. 최근 사람들은 자신에게 주어진 여가제약을 극복하고 일과 삶의 균형을 이루기 위해 다양한 노력을 경주하고 있다. 여가제약요인은 크게 세 가지 유형으로 범주화할 수 있다. 내재적 제약요인(intra-personal constraints), 대인적 제약요인(interpersonal constraints), 구조적 제약요인(structural constraints)이 그것이다. 첫째, '내재적 제약요인'은 흥미, 자기자각, 불안 등 개인적 심리상태의 내적 상호작용이나 개인적 특성의 결과로 나타난다. 둘째, '대인적 제약요인'은 여가활동을 위한 적절한 동반자 등 인적 관계나 교류의 부재(不在) 속에서 발생한다. 셋째, '구조적 제약요인'은 실제 여가활동을 위해 필요한 경제적 능력, 시간, 정보, 시설, 프로그램 등의 부족으로 사회구조적 환경 속에서 나타난다.

이 같은 여가제약은 처음부터 여가활동 자체에 참여하지 못하게 하거나 이미 진행된 여가활동을 중단하게 만든다. 여가제약을 극복하기 위해서는 먼저 여가활동을 하는 사람들의 특성과 주변 환경을 미시적 수준에서 검토할 수 있어야 적절한 대책을 마련할 수 있다. 그 이후에 사회구성원들의 삶의 질적 향상과 균형을 가져올 수 있는 거시적 수준의 정책적, 사회문화적 대안이 실현될 수 있다.

과거 산업사회에서 고용노동에 종사한 노동자는 정작 노동과정에서 소외되면서 노동의 주체성, 능동성을 상실해 버리는 경우가 많았다. 과도한 노동을 당연하게 생각한 문화적 특징은 사람들의 일 중독현상, 과로사, 직무 소진, 스트레스 등으로 인한 부가적인 새로운 사회문제를 야기하기도 했다. 따라서 노동과 여가의 생산적 병존(竝存)을 통해 일과 삶의 영역 간 균형을 가져올 수 있는 성찰적 정책 기제가 마련되어야 한다.

지금까지 살펴본 바와 같이 사람들은 노동과 여가라는 두 가지 기본적인 삶의 축을 형성하고 생활하게 된다. 포스트모던 사회에서 인간은 직장에서의 노동중심적 삶과 함께 자신만의 삶의 본원적 가치를 실현하는 여가활동에 대해 진지하게 고민할 시간이 필요하다. 앞으로도 사람들은 공적 영역인 일터에서 노동을 함으로써 생존 문제를 주도적으로 해결하고, 사적 영역에서의 여가활동을 통해서는 자신의 정체성을 확보하면서 균형 있는 생활가치의 실현을 위해 꾸준하게 노력해야 할 것이다.

12

도시 생태와 지역사회

도시 생태와 지역사회 12

1) 도시화 현상과 도시문제

현대사회에서 산업 발전에 따른 도시화 현상은 다양한 사회 변화를 야기했다. 도시화(urbanization)는 인구가 도시지역으로 집중됨으로써 도시적 생활양식을 중심으로 해당 지역에 문화적 변화가 일어나는 과정을 의미한다. 인간은 자신의 생존에 필요한 환경에 순응하거나 이를 정복함으로써 다른 유기체들과의 균형적 관계를 유지하기 위해 노력한다. 이 과정에서 도시는 중요한 역할을 한다. 도시는 사람들이 생활하면서 정치적, 경제적, 종교적, 군사적, 교육적, 문화적 행위들이 이루어지는 곳이다. 따라서 도시 연구를 위해서는 특정 지역의 인구, 제도 등의 상호 관계를 다루면서 공간에 대한 인간의 적응과 연관되어 있는 사회문화적 변동의 실태를 폭넓게 고찰할 필요가 있다.

사람들이 사는 지역에서 도시화가 진행되고 있다는 의미는 그 지역의 인구가 증가하고 도시 기능의 집중 현상이 나타나고 있음을 의미한다. 늘어난 도시 인구를 관리하고, 집중된 도시 기능의 효과적인 수행을 위해서 도시 공간이 확장되는 전형적인 과정이 바로 근교화(suburbanization)이다.

근교화는 기존 도시의 주변 지역에 새로운 거주지역이 형성되어 사람들이 교외에 주택을 마련하여 도심지를 떠나는 것뿐만 아니라 각종 도시 기능 역시 사람들을 따라 교외로 이전되는 현상까지 포함한다. 공장, 쇼핑센터, 각종 서비스업 등의 근교화를 그 예로 들 수 있다.

도시화가 오랫동안 진행되고 도시 공간이 확장되면 기존 도시의 기능을 지원하는 새로운 도시가 형성되는데, 이를 위성도시(satellite city)라고 한다. 위성도시는 반드시 새로 형성되는 것만이 아니라 이전에는 독자적인 기능을 하던 주변 도시가 위성도시로 바뀌는 경우도 많다. 이 때 중심이 되는 도시와 그 주변에 근교화된 도시, 그리고 위성도시를 포함한 광범위한 지역이 형성되는데, 이 지역을 통틀어 거대도시(metropolis)라고 한다. 따라서 거대도시는 국가의 정치, 경제, 사회, 문화, 교육 등의 주요 기능을 담당하는 중심적인 역할을 하며, 주변 지역에 영향을 미치는 공간적 범위의 큰 권역을 형성한다. 예를 들어 뉴욕, 런던, 서울과 같은 큰 도시들이 이러한 공간적 특징을 보인다고 할 수 있다.

거대도시가 성장함에 따라 거대도시 형성에 관여된 인접 도시들 간에는 사회경제적 및 행정적으로 상대적 지위의 우열 현상이 생기게 되는데, 이를 통해 여러 도시 간에도 일정한 위계관계가 나타나게 된다. 도시 간 위계관계가 진행되면 한 국가 안에서 거대도시와 중소도시의 서열이 체계화되고, 상호 관계를 맺게 되는데, 이러한 과정을 거대도시화라고 한다. 더불어 비교적 가까운 거리에 위치한 여러 거대도시들이 서로 복잡한 교환과 의존적 관계를 맺고 긴밀하게 상호작용을 하는 도시관계를 전체로 묶어 초거대도시(megalopolis)라고 한다. 예를 들어 국내에서는 수도권 내 서울과 인천 등이 이미 하나의 거대도시라고 할 수 있다. 이들이 인근 지역도시와 함께 연결되면서 결국 여러 거대도시들이 다시 이어져 수도권 지역이 초거대도시화 되었다고 볼 수 있다.

도시화 현상을 바라보는 시각은 여러 가지가 있다. 그중에서 비교적 익숙한 선행 연구방법이 바로 생태학적 관점에서 도시를 연구하는 것이다. 사회과학에서 도시화에 대한 생태학적 관점의 연구는 다시 인간생태학적 관점과 도시생태학적 관점의 연구로 나눌 수 있다. '인간생태학'은 생존에 필요한 것들을 얻기 위해 자연환경에 순응하거나 이를 정복하는 인간과 환경 간의 상호작용 관계를 연구하는 학문이다. '도시생태학'은 자연계에서 유기체들이 서로 다른 종(種) 사이에서도 어떻게 균형 혹은 평형상태를 이루는지를 고찰하고, 이를 도시에 그대로 적용하여 특정 지역에 걸쳐 분포하는 공간과 내부 구성원들의 적응과정을 연구하는 학문이다. 인간생태학과 도시생태학은 서로 분리되어 있다기보다는 이론적 논의 속에서 밀접한 관련이 있는 학문 체계이다. 이처럼 인간과 도시는 유리한 환경적 특징들에 적절히 반응하면서 성장하기 때문에 그 특성을 고찰하는 것이 곧 사회구성원들의 문화까지 살펴볼 수 있는 기회가 될 수 있다.

도시 내에는 풍요와 빈곤이 공존한다. 최근 도시 내 부유층과 빈곤층 삶의 간극이 더욱 벌어져 이들이 서로 접촉할 기회가 적어지는 현상이 종종 나타나고 있다. 도시에 집중된 인구증가는 어느 국가에서나 보편적으로 나타나고 있는 현상 중 하나이다. 도로의 발달로 도시 구역의 거대한 재구조화 현상이 진행되기도 한다. 즉 중심 지역에 사는 사람들과 교외지역에 사는 사람들의 삶의 터전이 바뀌고 있는 것이다.

한편 도시의 공간적 밀집의 정도는 인간 상호작용의 빈도와 질적 수준에 영향을 미친다. 도시에서의 접촉은 대면적이긴 하지만, 이 접촉 원리가 피상적, 일시적, 부분적인 특성을 지닌다. 도시인들이 대인 관계에서 유보적이고 무관심한 태도를 취하는 것은 본능적으로 타인으로부터 자신을 보호하려는 경향 때문이다. 도시 거주자들이 예상하지 못한 격렬한 자극과 변화하는 이미지의 공격에 의식적으로 무감각해짐으로써 자신들을 보호하는 현상이 나타나는 것이다. 즉 도시의 필요에 의해 도시 거주자들은 관계를 조정하고 감정 없는 관계를 유지하기 위해 노력하게 된다. 도시에서 불특정 다수의 타인과 마주칠 가능성은 과거 전통사회의 중소도시 마을보다 훨씬 크지만, 개인 간 관계를 살펴보면 접촉 시간이나 상대방과 공유하는 정보와 문화의 양은 적다. 즉 공간적 밀도는 높으나 사회적 밀도는 낮기 때문에 이러한 도시의 이질적 생활에서 구성원들은 소외의 감정을 자주 느끼게 되는 것이다.

2) 지역사회 내 도시재개발 및 도시재생

사회학 연구에서 지역사회라는 말은 다양한 의미로 활용된다. 도시를 연구하는 사회학자들은 주로 작은 마을이나 읍, 시, 거대도시 등 여러 지역적 조직 단위를 나타내기 위해 많이 사용한다. 지역사회의 개념과 특징을 기능과 역할을 중심으로 말하자면 지역사회는 인간이 가정을 유지하고, 생계비를 벌고, 자녀를 양육하는 대부분의 활동을 수행하는 장소이다. 지역사회는 기본적으로 구성원들의 전반적인 욕구를 충족시켜주고 일정한 지리적 영역을 갖는 사회집단과 동일한 것으로 개념화할 수 있다. 지역사회에 대한 초기 연구에서는 지역사회의 범주를 농촌과 도시로 분류하고, 그 특성들을 비교하면서 학술적 논의를 진행했다. 지금도 이러한 분석 방법이 지역 연구에서 많이 활용되고 있다.

인류학자 로버트 레드필드(Robert Redfield)는 앞서 언급한 지역사회 범주에 대한 이분법적 분류 방법의 문제점을 지적하고 현실적인 지역사회는 농촌이나 도시 중 어느 한쪽으로 명확하게 나눌 수 없다고 주장한다. 그리고 그 양쪽을 연결하는 부분에서 지역사회의 현실적인 위치를 찾아야 한다고 논했다. 그는 도시사회가 농촌 지역사회라 할 수 있는 민속사회보다 규모가 더 크고, 타 지역과의 고립 정도가 낮으며, 이질성과 이동성의 정도가 크고, 구성원 역시 개인주의적 성격이 강한 특징을 지닌다고 논했다. 결국 그가 말한 도시화는 민속사회에서 도시사회로의 변동과정을 의미하는 것이었다.

도시사회로의 변동을 거치는 과정에서 인구가 증가하고 소비활동이 늘어나게 되면, 도시에는 환경문제가 필연적으로 발생하게 된다. 이와 동시에 도시 내 사회계층에 따라 더 나은 환경적 조건이 있는 지역의 생활권과 그렇지 못한 곳의 생활권이 나뉘는 현상도 나타난다. 이 같은 현상에 대응하여 사회는 도시환경에서의 사회적 불평등을 극복하기 위해 여러 가지 대안들을 강구하게 된다.

국가는 특정 지역사회에 내재하고 있는 여러 가지 사회문제를 근본적으로 해결하고 지역 경제와 사회환경을 개선하기 위해 다양한 정책을 실행한다. 도시환경이 열악하여 사람들의 생활권으로 거주하기에 어려운 지역이 다시금 도시 경쟁력을 확보할 수 있도록 국가와 시장은 함께 노력하게 된다. 다양한 방법으로 실천되는 노력들 중에서 많이 언급되는 정책적 대안이 도시재개발과 도시재생이다.

도시재개발은 도시의 성장으로 발생한 새로운 도시 공간에 대한 수요를 충족하기 위한 도시계획 관련 사업으로 쇠퇴하는 도시의 일부를 개발하거나 또는 전체의 사회경제적 기능을 회복시키기 위해 주로 물리적으로 다시 개발하는 도시 설계 과정을 일컫는다. 한편 도시재생은 인구감소, 주거환경 노후화, 도시의 무분별한 확장 등으로 쇠퇴하는 특정 도시의 지역 역량을 강화하는 방법으로서 지역 내부만의 특색 있는 자원을 활용하여 경제, 문화, 복지 등의 수준을 종합적으로 향상시키는 도시 경쟁력 확보 방법이라고 할 수 있다. 도시재개발이 주로 물리적 개발에 초점을 맞춘 개념이라면 도시재생의 가치는 자연환경 중심의 생태적 가치를 지향하면서 공동체적 삶을

향상시키고 지역사회의 경제적 문제를 함께 해결하는 과정이라는 점에서 그 개념 규정에 있어 약간의 차이가 있다.

도시재개발과 도시재생은 특정 지역의 사회구성원들에게 삶의 기회를 제공하고 생활에 있어서의 질적 향상을 도모한다는 점에서 긍정적으로 볼 수 있겠으나, 젠트리피케이션(gentrification)과 같이 예상치 못한 사회문제를 가져오기도 한다. '젠트리피케이션'이란 낙후된 구도심 지역의 활성화로 유입된 중간층 이상의 계층이 기존 저소득층 원주민을 대체하는 현상으로, 지역 개발로 높아진 지가(地價) 등의 문제로 인해 기존에 살던 지역주민이 외부로 쫓겨나는 현상을 야기하게 된다. 따라서 지역으로의 외부 자본의 유입과 기존 마을 공동체와의 공생 관계 문제에 대한 공론 과정이 충분하게 진행된 상태에서 도시재개발이나 도시재생 사업이 추진되어야 한다. 도시환경은 함께 살아가는 사회구성원들의 생활공간인 만큼 공공성의 가치 측면에서 도시의 생태 문제를 바라보는 윤리의식이 필요하다고 하겠다.

3) 주요 도시사회학이론

도시사회학 연구에는 다양한 이론적 분파가 존재한다. 이 중에서 도시의 특성을 서로 다른 시각에서 논의해 온 대표적인 학문적 성과로 생태학적 관점과 정치경제학적 관점에서 이룩한 연구 결과물을 들 수 있다.

첫째, '생태학적 관점'을 통해 인간이 거주하는 도시에 대한 연구를 진행한 대표적 인물로는 시카고 학파의 로버트 파크(Robert E. Park)와 그의 동료들을 들 수 있다. 이들은 인구와 제도의 공적 상호작용 관계를 공간적 환경을 중심으로 연구했다. 그는 인간이 주어진 공간적 환경에 적응하는 과정에 관심을 가졌다. 파크는 도시가 '경쟁→침입→계승'의 과정을 거쳐 자연 상태의 지역으로 정돈된다고 보았다. 그는 도시 거주자가 위치하고 이동하여 재배치되는 과정을 고찰함으로써 도시 연구에 생태학적 논의를 적용하여 분석했다고 할 수 있다.

이와 같은 맥락으로 로데릭 맥켄지(Roderick D. McKenzie)는 도시화의 진행이 생태학적 공통성을 지닌다고 보고, 도시화가 '집중→분리→침투→계승'의 과정을 거친다고 주장했다. 이를 구체적으로 살펴보면, 첫째, 집중은 밀도가 작은 지역에 많은 사람들이 모이는 과밀 현상을 의미한다. 이 과정에서 도시에는 분산화 현상이 일어나 일부 사람과 산업의 활동이 중심에서 바깥으로 흩어지기도 한다. 둘째, 분리 단계에서는 활동의 분산을 통해 비교적 유사한 종류의 활동이 도시 내 특정 지역으로 몰림으로써 다른 지역과 차별화되는 생태학적 분리 현상이 나타난다. 우리가 흔히 말하는 금융지역, 소매상가지역, 주택지역 등의 명칭도 이러한 과정에서 붙여지는 것이다. 셋째, 도시는 정체되지 않고 새로운 활동이나 인구가 분리된 어떤 특수한 지역에 침투한다. 예를 들어 산업도시의 특성이 주택가를 잠식하거나 빈민지역이 주거지역으로 바뀌기도 하는 것이다. 넷째, 침투 단계가 진행된

다음에는 이 유형이 일정 시간 계승되는 현상이 나타난다. 이상 살펴본 일견의 도시화 과정을 분석하는데 고려해야 할 주요 변수는 교통의 편의성과 지가(地價)의 높고 낮은 정도라 할 수 있다.

도시의 고유한 문화, 성격을 연구한 루이스 워스(Louis Wirth)의 연구는 다음과 같다. 그는 도시사회에서 전형적으로 나타나는 생활양식을 가리켜 도시성(urbanism)이라고 정의했으며, 그 특성들을 집중적으로 고찰하기도 했다. 워스는 도시화 과정을 통해 특정 지역에서 인구증가로 인구밀도가 높아지면서 인구 이질성이 심화되는 현상에 주목했다. 그리고 그 과정에서 전통사회에서 지속되어 온 사회통제력이 상실되면서 사회해체와 같은 사회병리론적 상황이 발생한다고 분석했다.

둘째, '정치경제학적 관점'에서 도시의 발전 과정을 분석한 대표적인 학자로는 마누엘 카스텔(Manuel Castells)이 있다. 그는 도시 공간을 자본주의 사회에서 노동력 재생산에 필요한 제반 물자와 요소를 집합적으로 소비하는 곳으로 정의했다. 카스텔은 도시 공간을 자연적 산물이 아니라 자본의 욕구에 부응하여 의도적으로 산출된 곳이라고 주장했다. 그는 도시가 자본축적을 보다 용이하게 해주는 공간적 기능을 한다고 보았으며, 자본가들에게 유리하게 도시 공간이 형성된다고 언급했다. 또한 도시환경을 산업자본주의 본래의 측면인 집합적 소비 과정의 구성 요소라고 보았다. 즉 도시 내 위치한 주택, 학교, 교통, 위락 시설 등은 사람들이 현대 산업에서 생산되는 상품을 소비하는 방식이라고 논했다.

지금까지 살펴본 도시 관련 연구들은 현대 도시사회학의 학술 연구가 지속적으로 유지되는데 중요한 이론적 토대를 마련했다. 이 모든 연구 결과 내용의 공유 과정은 사회학 분야에서 지역사회의 구조와 변동을 연구하는 하위 학문 영역인 도시사회학의 학술 지식이 더 정교화되고 있음을 의미한다.

13

환경과 기후변화

환경과 기후변화 13

1) 환경 및 환경문제의 개념적 논의

지구촌 모든 사회에서 인구증가와 소비 문제는 필연적으로 환경문제를 가져온다. 서구 중심의 고도 산업화와 도시화는 인류에게 무한한 물질적 풍요를 안겨주었으나, 다른 한편으로는 이산화탄소 증가, 오존층 파괴, 산성비, 사막화 현상, 자원 및 에너지 고갈 등 지구적 차원에서의 환경위기를 유발했다. 최근 환경문제와 관련한 최대의 쟁점은 바로 환경문제가 더 이상 소수의 특정인, 특정 계층, 특정 지역 및 국가에 해당하는 문제가 아니라 이미 그 경계를 초월한 지구적 문제가 되었다는 사실이다.

환경(environment)이라는 개념은 주로 생물 유기체에 관련된 용어로 지칭된다. 환경은 '유기체의 삶에 영향을 미치는 외부 조건과 힘 또는 모든 종류의 개체군의 생존을 지탱해주는 물리적, 생물적 하부구조'라고 할 수 있다. 일반적으로 사회과학 연구에서는 인간사회를 둘러싼 사회환경을 자연환경보다 중요한 연구주제로 다루는 경향이 있지만, 사회학 내의 환경사회학과 같은 특수 분야에서는 오히려 자연환경을 더 강조한 연구가 이루어지기도 한다. 결국 사회학에서는 자연환경과 사회환경, 그리고 이들 환경과 연관된 사회조직과 인간 행동 간 상호작용까지 폭넓게 연구한다.

환경문제는 인간과 환경의 상호작용 속에서 발생하는데, 인구, 소비량, 기술 발전 및 활용 정도 등이 환경문제 발생의 주요 변인이라 할 수 있다. 환경파괴와 관련한 사회문제는 환경이 스스로 자정할 수 있는 능력을 벗어났을 때 발생한다. 이는 곧 환경수용력(carrying capacity)이라고 명명되는 환경용량이 초과되었다는 것을 의미한다. 환경수용력을 개념화하면 '인간이 현재의 기술을 이용하여 소비를 위한 자원을 자연으로부터 계속 공급받을 수 있고, 자연에서 추출된 자원을 통해 재화와 용역을 생산, 소비하는 과정에서 배출되는 각종 폐기물을 자연이 계속 흡수, 처리할 수 있는 특정 개체군의 크기'라고 정리할 수 있다. 결국 환경수용력의 한계는 자연환경이 생태적 지속가능성(ecological sustainability)을 유지하면서 자원을 계속 재생산하고 이를 인간에게 제공하면서 자정 능력으로 폐기물을 흡수, 처리할 수 있는 능력의 한계 지점을 지칭한다고 볼 수 있다.

여기에서 말하는 생태적 지속가능성이란 인간이 생산을 위해 자원을 추출하더라도 자연환경이 자원을 계속 재생산할 수 있고, 생산과 소비과정에서 배출되는 폐기물도 흡수, 처리함으로써 자연의 원래 질이 계속 유지되는 상태이다. 지속가능성은 단순히 시간적 연장으로 지속되는 개념이 아니라 무엇을 장기적으로 계속 진행하거나 유지할 수 있는 능력을 의미한다. 현대사회에서는 환경과 관련하여 지속가능한 발전(sustainable development)이라는 개념이 곳곳에서 실현되고 있다. 지속가능한 발전 개념은 국제연합(UN)에서 발간한 『우리 공동의 미래(Our Common Future)』에서 제시되었으며, 1992년 브라질의 리우 회의에서 환경문제를 해결하기 위해 세부 행동 지침으로 채택한 'Agenda 21'을 통해 확대 적용되었다. 이 개념을 실천하기 위해 지구촌의 많은 국가들이 지구상의 여러 동식물의 다양성을 보존하고 깨끗한 공기, 물, 토양 등을 유지하기 위한 노력과 함께 경제성장을 촉진하는 활동을 동시에 실천하고자 노력하고 있다.

2) 환경을 위협하는 구체적 모습들

현대사회에서는 환경을 위협하는 다양한 모습들이 구체적으로 나타나고 있다. 환경문제는 인간 생존에 직간접적으로 지속적인 영향을 미치고 있으며, 이를 살펴보면 다음과 같다.

첫째, 현재 '대기오염'은 매우 중요한 환경문제로 거론되고 있다. 대기오염은 복잡한 생태질서를 무너뜨리고, 사회에 많은 피해를 안겨다 준다. 대기오염의 주범으로는 과도한 탄소배출이 지목받고 있다. 탄소배출은 화석연료를 소비하는 과정에서 주로 발생한다. 특히 기후온난화에 따른 기후변화 문제는 최근 세계적으로 주목되고 있는 가장 심각한 환경문제 중 하나이다. 기후온난화는 기상의 화학적 구성 변화 때문에 지구의 평균기온이 점차 상승하는 것을 의미한다. 지구온난화 현상은 해수면 상승, 홍수, 태풍, 사막화, 바이러스 및 세균 확대로 인한 질병 확산, 산성비 등의 직간접적인 환경문제를 야기한다. 또한 기후온난화로 인해 자연재해 외에도 여러 가지 산업적 피해와 재해 현상도 나타나고 있다.

이 같은 환경문제를 극복하기 위한 대책을 마련하고자 국제적 수준에서 다양한 노력들이 진행되고 있다. 예를 들어 국제연합(UN)은 지속가능발전목표(Sustainable Development Goals : SDGs) 결의, 파리기후협정 채택 등의 실천을 통해 탄소중립에 관한 논의를 제시하기 시작했다. 이 지속가능발전목표는 2015년 국제연합(UN)을 중심으로 현재 세대와 미래 세대의 삶의 질을 높이기 위해 국제사회가 2016년부터 2030년까지 달성하기로 한 의제로서 크게 경제성장, 사회발전, 환경보전을 주축으로 총 17대 목표가 범주화되어 있다. 한편 탄소중립(carbon neutrality)은 개인, 기업 등에서 배출한 이산화탄소를 다시 흡수하여 실질적인 탄소배출량을 '0(zero)'으로 만드는 과정을 의미한다.

파리기후협정은 2015년 12월 파리에서 개최된 제21차 유엔기후변화협약(UNFCCC) 당사국총회의에서 195개 당사국이 채택한 협정이다. 이 협정은 과거 1997년 12월 일본 교토에서 지구온난화 방지를 위해 채택된 소위 교토의정서(Kyoto Protocol)로 명명되는 국제협약을 대체하여 2020년 이후 적용하게 된 새로운 기후협약이다. 지구 평균온도가 산업화 이전 수준 대비 2℃ 이상 상승하지 않도록 온실가스 배출량을 단계적으로 감축하겠다는 구체적인 내용을 담고 있다.

둘째, 인간 생존에 직간접적으로 영향을 미치는 환경문제로 대기오염만큼 심각한 것이 바로 '수질오염 및 물 부족 현상'이다. 생활하수 및 산업폐수 등으로 인한 수질오염은 사람뿐만 아니라 모든 생명체의 생존에 위협을 가하고 있다. 특히 인구증가 및 도시 인구집중 현상으로 인해 물 자원의 지역적 편재가 가중되어 지구촌 곳곳에서 물 확보를 위한 분쟁이 발생하고 있다. 특히 식수 오염은 인간의 생존과 직결되는 심각한 환경문제라고 할 수 있다.

셋째, '토양오염'은 인간의 생활 토대로서 활용되는 토양이 훼손되는 환경문제이다. 산업화된 사회의 경우 재활용 불가능한 폐기물의 과다 배출로 환경오염이 심각한 실정이다. 특히 고형폐기물로 인해 도시지역 매립장이 포화상태를 이루면서 쓰레기 처리가 심각한 환경문제로 떠올랐다. 최근에는 플라스틱 문제가 전 세계 토양오염의 주요 쟁점으로 부각되고 있다.

현재 지구촌 대부분의 국가들은 공동으로 지구촌 생태계를 보호하고자 탄소배출량 감소, 자연의 회복 능력 강화를 통한 생물다양성 보존, 식량 및 물 부족 문제 해결 등을 위해 여러 가지 대책을 마련하고 있다. 더 나아가 국가, 기업, 시민사회는 협력적 관계를 구축하여 환경오염 방지에 관한 대안들을 실천하기 위해 노력하고 있다.

3) 환경문제의 발생 원인과 불평등 문제

환경문제가 왜 발생하느냐에 대해서는 다양한 주장들이 제기되고 있다. 일반적으로 환경문제의 주요 원인으로 인식되고 있는 것이 '인구증가'이다. 과거에는 인구증가가 환경문제의 주요 발생 원인으로 제기되지 않았지만, 현대사회로 들어서면서 지구상의 여러 지역에서 높은 출산율로 인해 환경문제가 야기되면서 주요 원인으로 연구되고 있다.

인간이 환경에 미치는 영향과 관련하여 많이 거론되는 또 다른 환경문제 발생 원인 중 하나가 '소비'이다. 소비란 상품, 서비스, 에너지 자원 등이 제도, 사람, 사회에 의해 사용되는 것을 의미한다. 소비활동은 환경을 손상시키고 여러 분야에서 사회 불평등을 야기한다. 이 불평등 문제를 '국제적 수준'에서 살펴보면 대기오염, 물 부족, 토양오염 및 산림 황폐화 등의 환경문제는 선진국보다는 개발도상국이나 후진국에서 발생하는 경우가 많다. 이들 국가의 빈곤은 자국 내 환경 위험을 더욱 가중시키며, 점증하는 소비로 인한 지구촌의 환경피해는 개발도상국과 후진국의 사회구성원들에게 보다 심각한 영향을 미친다. 한편 '지역적 수준'에서도 사회 하위계층 사람들이 환경오염에 노출되기 쉬운 공간적 위치에서 놓여 있는 경우가 많다. 사회 상위계층은 환경문제가 발생한 곳에서 벗어나 멀리 이동하여 대안적 환경자원을 즐기며 생활할 수 있는 사회경제적 능력을 갖고 있다. 그렇기 때문에 환경문제가 발생한 지역에서 거주하며 살아가는 대부분의 사람들은 사회 하위계층일 가능성이 높다. 이러한 이유로 공공재로서의 자연자원 이용과 관련한 국가 정책은 환경자원의 배분적 측면에서 중요하다.

한편 '과학기술' 역시 환경오염 발생과 밀접한 관련이 있다. 과학기술은 인구증가나 많은 자원 소비 못지않게 환경오염의 주요 원인이다. 과학기술 자체가 환경을 오염시킨다기보다는 과학기술로 산출된 다양한 제품, 시설 등이 환경오염원을 배출함으로써 환경문제를 야기하게 되는 경우가 많다. 예를 들어서 자동차 생산기술의 발달은 자동차의 배기가스에 포함된 탄소배출을 통한 환경오염을 유발했다.

하지만 과학기술은 환경오염의 주요 요인이자 동시에, 반대로 미래 사회의 환경문제를 해결해줄 중요한 수단이라는 것을 간과해서는 안 된다. 탄소배출을 억제하기 위한 다양한 기술력, 산업폐수 방류를 막기 위한 정화시설, 친환경 에너지 발전 계획 등은 모두 발달된 과학기술로 가능해진 것이다. 바로 이러한 점 때문에 과학기술 선용(善用)에 대한 사회구성원들의 윤리적 가치의 실천이 더 중요해지고 있다.

4) 미래의 환경문제 및 기후변화에 대한 대응

오늘날 우리는 환경위기의 시대에 살고 있다. 인간은 주어진 환경과 밀접한 상호작용을 하며 삶을 영위한다. 환경문제의 심화와 광범위한 확산으로 인간 생존과 사회발전에 위협이 가해지고 있으며, 환경문제는 다양한 형태의 위험, 불안의 대상으로 떠오르고 있다. 인간과 공생하며 조화를 이루어왔던 자연환경 자원이 오염, 파괴, 고갈되고 있으며, 점차 모든 생명체의 안전이 보장되지 못하고 있다.

이처럼 다양한 환경문제가 존재하지만, 가까운 미래에 가장 먼저 시급하게 해결해야 할 환경문제는 지구온난화로 인한 기후변화 문제일 것이다. 왜냐하면 지구온난화로 인해 여러 가지 환경문제가 빠른 속도로 확산하고 있기 때문이다. 우리는 에너지를 절약하는 것뿐만 아니라 에너지를 효율적으로 사용할 수 있는 노력과 함께 소비과정에서 나타나는 탄소배출 문제를 반드시 해결해야 한다.

미래의 기후변화에 따른 복합적인 환경문제에 대응하기 위한 구체적인 정책적 노력들이 이미 세계 곳곳에서 목격되고 있다. 온실가스 배출량에 세금을 부과하는 이른바 탄소세(carbon tax)와 배출 상한 설정 및 배출권 거래제(cap and trade scheme) 등이 그 예들이다. '탄소세 제도'는 온실가스를 배출하는 모든 활동에 세금을 부과함으로써 관련 제품의 가격을 상승시켜 온실가스 배출 저감을 위한 기술혁신을 유도하는 제도적 전략이다. '배출 상한 설정 및 배출권 거래제'는 이 제도에 참여하는 개인이나 조직에게 상한선 범위 내에서 배출할 권리를 부여하며, 만약 배출 상한선을 초과하게 되는 경우 배출 상한선에 도달하지 못한 다른 참여자들의 배출권을 별도로 구입하는 제도이다.

한편 기업경영에 있어서도 환경문제 개선을 위해 기업윤리, 윤리경영 등의 가치가 강조되고 있다. 또한 이미 예전부터 시행된 '기업의 사회적 책임(CSR)'이나 최근 주목받고 있는 기업의 '환경 · 사회 · 지배구조(ESG)'를 고려한 경영 원칙 등을 통해 기업들이 친환경 경영, 사회적 책임 경영, 지배구조 개선 등을 실천하려는 노력을 하고 있다. 이 같은 현상은 기업이 미래의 환경문제에 대처하고 있는 예라고 할 수 있다.

일반 시민들도 환경문제 해결을 위해 노력하고 있다. 예를 들어 환경을 중요하게 여기는 친환경소비, 녹색소비 등에 동참하는 사람들이 늘어나고 있으며, 여러 가지 환경 관련 사회운동에 직접 참여하거나 이를 후원하기도 한다.

지금까지 살펴보았듯이 환경문제는 기후변화와 오염으로 인한 직접적 피해를 불러일으킬 뿐만 아니라 다양한 사회 불평등 체계를 유지, 고착시키기도 한다. 사회구성원들이 공공재로서의 다양한 환경자원을 불평등하게 배분받거나 환경오염으로 발생하는 위험에 차별적으로 노출되는 경우도 나타나고 있다. 이제 환경은 지구촌 구성원 모두의 관심이 되었다. 앞으로는 환경문제 해결 과정에서 인류의 보편적 가치로서의 공동체 의식과 사회정의가 꾸준하게 실현되어야 할 것이다.

14

사회변동의 개념과 주요 이론

사회변동의 개념과 주요 이론 14

1) 사회변동의 개념과 연구 방향

사회변동은 일정 기간 사회 전반에 걸쳐 일어나는 변화의 내용, 규모, 속도, 성격을 모두 포함하는 개념으로서 시간 경과에 의해 기존 사회환경이 과거와는 다른 사회질서로 대체되는 현상을 의미한다. 즉 사회변동은 한 사회를 주도했던 정치적, 경제적, 문화적 가치들이 부분적, 전체적으로 변화하는 과정인 것이다.

일반적으로 사회학에서는 사회변동을 연구할 때, 몇 가지 사실에 유의하여 분석을 하게 된다. 먼저 사회변동이 어느 정도의 '기간'을 거치면서 진행되었는지를 고찰한다. 이는 변동의 추이를 살펴보는 것이다. 또한 사회변동이 어느 정도의 '규모'로 나타났는지를 점검한다. 사회변동이 사회의 전반적인 변화를 가져왔는지 일부분만 변화시켰는지를 살펴보고, 그 변동의 폭과 깊이를 분석하는 것이다. 이와 함께 사회변동의 '원인'을 규명하여 변동의 성격을 살펴본다. 사회변동의 원인은 다양하게 정리할 수 있다. 첫째, 물리적 환경의 변화이다. 지진, 태풍, 전염병, 바이러스 창궐 등의 천재지변이 발생하면 인구 구조와 사회구조가 급격하게 변화한다. 둘째, 인구와 관련하여 인구 크기, 인구 성장률 등의 변화 역시 사회변동을 초래한다. 셋째, 과학기술의 발전은 많은 거시적 사회변동을 야기하는 중요 요인이기도 하다. 넷째, 한 사회에 내재되어 있는 신념, 가치관, 이데올로기 등과 같은 여러 의식, 정신이 복합적으로 작용하여 사회변동을 야기하기도 한다.

2) 주요 사회변동이론

(1) 사회 진화론과 순환론

사회학 연구 분야에는 사회변동을 설명하는 다양한 이론들이 있다. 사회변동이론들은 사회변동의 원인, 과정, 방향성 등을 설명해준다. 물론 이 각각의 이론들이 현실의 사회변동을 완전하게 설명한다고는 볼 수 없지만, 적어도 현실 사회의 변화를 일정 부분 이해하는데 필요한 학술적 논의라고 할 수 있다. 먼저 사회변동이론은 그 방향성에 따라 사회 진화론과 순환론으로 나눌 수 있다.

먼저, '사회 진화론'은 찰스 다윈(Charles R. Darwin)의 생물학적 진화론의 영향을 받아 형성된 사회변동이론이다. 모든 생물체가 단순한 것에서 복잡한 것으로 진화해 나가는 것처럼 사회변동 과정 역시 그러한 형태로 나타난다는 것이다. 이 이론에서는 대체로 진화적 변동을 긍정적으로 생각하며, 특정한 방향성을 갖는 사회변동 자체가 곧 새롭고 보다 나은 문명단계로 나아가는 진보를 의미한다고 보았다.

사회 진화론의 대표적 학자인 스펜서는 사회를 생물학적 유기체에 비유하여 사회구조의 분화와 통합에 관심을 기울였다. 그는 단순한 생물체의 조직 구조가 분화되고 통합되는 과정을 통해 인간과 같은 복합적인 생물체로 진화했듯이 사회의 변동도 그러한 과정을 거친다고 본다. 사회적 수준에서 나타나는 변화의 모습 역시 사회를 구성하는 집단 수의 증대뿐만 아니라 집단의 밀도와 유대가 증가하는 과정으로 나타나며, 그 결과 군사형 사회에서 산업형 사회로 진화한다고 논했다. '군사형 사회'는 강제적인 협동에 바탕을 두고 조직된 사회로, 개인 행위에 절대적이고 전제적인 중앙집권적 권력을 행사하는 사회를 의미한다. 반면 '산업형 사회'는 자발적인 협동을 기반으로 조직된 사회로, 민주적 정부 형태를 가진 사회를 의미한다. 따라서 군사형 사회에서 산업형 사회로의 발전이란 결국 동질적이고 단순한 사회가 이질적이고 상호 의존적인 사회로 진화해 나가는 과정을 의미하는 것이다.

고전사회학자인 뒤르켐의 경우 진화론 그 자체가 그의 주요 연구 관심사는 아니었지만, 사회변동을 사회적 분화와 상호 의존적 시각에서 설명했다. 그는 사회적 연대 유형에 따른 변화 단계를 통해 사회변동을 논의했다는 점에서 일정 부분 진화론적 입장을 취했다고 볼 수도 있다. 뒤르켐은 사회구조가 아직 제대로 분화되지 않았을 때, 사회구성원 사이에 존재하는 공통의 가치 체계에 의한 사회적 결속이 유지된다고 보았으며, 이 결속을 '기계적 연대'라고 칭했다. 하지만 인구가 증가하고 사회구성원들이 다양해지면 희소자원을 보다 효율적으로 이용하기 위해 분업이 이루어지고 전문화된 부분들이 상호 의존함으로써 전체 사회의 기능이 나누어지게 된다. 이러한 사회적 분화로 인해 사회 결속은 공식적인 사회통제 수단을 통해 유지되는데, 이를 '유기적 연대'라고 한다. 뒤르켐은 사회가 동질성을 기반으로 한 기계적 연대에서, 이질성을 기반으로 하는 유기적 연대로 변동한다고 보았다.

이 같은 진화론적 관점은 사회변동 설명에 있어 중요한 역할을 담당하는 반면, 여러 가지 비판을 받기도 했다. 그 쟁점들을 정리하면 다음과 같다.

첫째, 과연 변동이 꼭 진보와 연결되는가라는 문제이다. 사회변동이 진보나 발전만을 가져다주는 것은 아니며, 사회변동 이후의 상태가 변동이 진행되기 이전보다 더 나으리라고 단언할 수 없는 것이다. 둘째, 사회변동의 방향성과 관련한 문제이다. 모든 사회가 반드시 같은 방향으로 변동하는 것은 아니다. 사회변동은 여러 방향에서 일어날 수 있으며, 심지어 퇴보와 같이 반대 방향으로도 나아갈 수 있는 것이다. 셋째, 사회변동에는 여러 가지 이데올로기적 의도가 숨겨져 있을 수 있는데, 진화론적 관점에서의 사회변동이론에서는 이를 충분하게 고려하지 못했다. 서구식 사회 유형이 더 진보되고 발달된 사회변동의 결과물이라고 주장한다면, 이는 자칫 서구 선진사회가 비서구 사회를 식민지로 만들어 착취하는 것을 정당화하는 이론으로 활용될 위험이 있는 것이다. 왜냐하면 침략 후 이루어진 점령이 곧 더 발전한 국가가 덜 발전한 국가의 진보를 위한 사회변동의 결과물이라고 주장할 수 있기 때문이다.

한편 사회 진화론과 대비되는 개념의 사회변동이론으로 순환론이 있다. 순환론적 관점은 14세기 역사 철학자인 이븐 할둔(Ibn Khaldun)이 먼저 제시한 논의이다. 그는 이슬람 문명의 흥망성쇠에 관심을 갖고 여러 가지 역사적 사실을 비교, 설명하면서 사회변동이 마치 유기체의 일생처럼 성장과 쇠퇴를 되풀이한다고 주장했다. 할둔은 순환론적 관점에서 강인한 성격의 유목민과 쾌락주의적인 정착민 사이에 발생하는 갈등과 충돌에 입각하여 문명의 자연사에서 나타나는 변화를 설명하였다. 유목민들은 안락한 도시를 바라며 기회가 있을 때마다 도시를 공격하고, 이 공격이 성공했을 경우 도시를 지배하게 된다. 하지만 정복자가 된 유목민들은 생활환경이 바뀌면서 정복을 가능하게 했던 유목민 본래의 특성을 점차 상실하고 도시생활에 젖어들게 되며, 그 이후 다시 다른 강력한 정복민에게 정복당하게 된다. 할둔은 문명과 제국이 이러한 자연 수명을 갖고 흥망성쇠를 되풀이한다고 보았다.

순환론적 관점에서 사회변동을 설명한 또 다른 학자로 빌프레도 파레토(Vilfredo Pareto)가 있다. 파레토는 '엘리트 순환론'을 통해 인류사의 순환론적 전환 과정에 대해 연구했다. 그는 엘리트를 '여우형' 엘리트와 '사자형' 엘리트로 유형화했다. 여우형 엘리트는 약삭빠르고 혁신적이며 적응력이 뛰어난 사람을 의미하며, 결사와 조직 능력이 뛰어나다. 반면 사자형 엘리트는 보수적이고 집단에 머물면서 새로운 조직을 만들기보다는 기존 조직을 유지하고자 하며 전통과 관습, 믿음을 중요하게 여기는 엘리트이다. 파레토는 이들 사이의 주기적 순환을 시사하면서 이 두 유형의 엘리트 간 권력 교체가 되풀이되어 사회가 변동한다고 보았다.

또한 역사학자인 아놀드 토인비(Arnold J. Toynbee)는 세계의 문명을 여러 가지로 유형화하고, 이들 문명의 동태를 연구하면서 순환론적 관점에서 문명의 발전을 동물체의 생애주기와 같이 단순한 과정으로 보지 않고 매우 장기적으로 반복되는 현상으로 보았다. 그의 순환론적 역사관을 이루는 핵심 개념은 바로 '도전'과 '응전'이다. 모든 문명은 자연환경의 위협이나 외부 침입과 같은 도전에 맞닥뜨렸을 때 이에 대한 반응으로 응전이 발생한다. 문명은 처음에는 주로 자연환경에서 생존하기 위해 도전을 하게 되고, 이후에는 자신이 포함된 문명의 내부 또는 외부로부터 다양한 형태의 사회적 도전을 받게 된다. 그리고 이러한 도전에 대한 응전의 성격에 따라 한 사회의 수명이 결정된다. 응전이 성공하면 사회에 생존과 발전을 가져다주고, 실패하면 쇠퇴와 멸망을 초래하는 것이다.

일반적으로 한 사회가 존속하기 위해 중요한 역할을 하는 존재로 창조적 성향을 지닌 엘리트가 있을 수 있다. 그들이 적절한 역할을 수행하지 못하면 대중들은 더 이상 소수의 엘리트를 따르지 않게 되고, 이 과정에서 사회적 통합이 붕괴하면서 특정 문명은 쇠퇴하기 시작하는 경우가 많다. 거시적 수준의 역사적 맥락에서 볼 때 사회는 분열되고 해체되는 반복적인 과정을 통해 존재하게 되는 것이다.

한편 소로킨은 한 사회의 문화를 감각지향적 문화, 관념지향적 문화, 이상주의적 문화로 유형화하여 순환론적 관점에서 사회변동을 연구했다. 그는 사회문화 질서를 분석한 결과, 인류의 문명이 주기적으로 순환한다고 보았다. '감각지향적 문화'에서는 물질주의와 향락주의가 강조되며, '관념적 문화'는 정신적이고 비물질적인 존재를 지향한다. 그리고 '이상주의적 문화'는 이 두 문화 유형이 결합한 것으로 각각의 특성이 균형을 유지하면서 공존한다.

이처럼 순환론적 관점에서 사회변동을 주장한 이론들은 사회조직의 구조 자체를 논의했다기보다는 대개 거시적 측면에서 문명의 성장, 쇠퇴를 설명했다. 따라서 특정 사회의 중·단기적인 사회변동은 제대로 설명하기가 어렵다는 한계가 있다. 또한 인간에 내재한 역동성과 자율성을 다소 간과했다는 약점을 갖고 있다.

(2) 근대화론과 종속이론

지구촌 질서를 설명하는 이론 중 대표적인 논의가 근대화론이다. 근대화(modernization)란 산업화 이전의 전통사회가 지닌 사회구조적 특성이 서구 선진공업사회로의 이행 과정을 통해 변화해 가는 것을 의미한다. 근대화론은 그 과정에서 모든 사회가 일련의 비슷한 경로를 밟으면서 변동한다고 본다. 또한 근대화론 내에는 서구화의 개념이 상징적으로 내재해 있다는 점 때문에 이 이론은 서구사회 중심의 진화론적 관념을 바탕으로 하는 논의라고 할 수 있다.

근대화론에서는 전통성과 근대성이 서로 함께 존재할 수 없는 특성을 가졌다고 본다. 따라서 근대화 과정에 있는 사회에서는 과거 전통사회의 요소들을 철저히 폐기해야 한다고 주장한다. 이 같은 논리는 제3세계 국민들로 하여금 전통문화와 전통적 요소들은 바람직하지 못한 것으로 여기게 하고, 서구사회의 모습을 바람직한 것으로 동경하게 만드는 심리 변화의 가능성을 높인다. 이러한 점 때문에 근대화론은 자민족중심주의 이론이라는 비판을 받기도 한다.

또한 근대화론에서는 아직 근대화가 덜 이루어진 제3세계 사회를 이중사회로 보기도 한다. 이중사회란 전통적 구조와 근대적 구조가 서로 아무런 관련 없이 공존하는 상태를 말한다. 근대화론은 이 이중구조가 그 나라의 발전을 제약한다고 주장한다. 또한 이 이론에서는 사회변동의 분석 단위를 개별 민족국가로 한정한다. 세계 속 국가나 사회는 고립된 것으로 가정하기 때문에 저발전의 원인 역시 내부적인 것으로 보며, 제3세계 국가에게는 독자적인 발전 능력이 없다고 판단한다. 따라서 서구사회의 근대화는 장시간에 진행된 자연스러운 변동의 결과이지만, 제3세계의 근대화는 정부의 정치엘리트에 의해서 진행된 인위적인 변동과정이라고 보았다.

이 근대화론의 가장 큰 문제는 사람들에게 근대화가 곧 서구화라는 인식을 심어주기 때문에 제3세계 사회의 입장에서는 전통적으로 고수해온 규범과 가치 체계의 혼란을 겪을 수 있다는 점이다. 즉 한 사회의 독특한 삶과 고유한 문화, 그리고 특수한 역사적 경험을 무시한 채 서구의 경험만을 강조하는 이론적용 과정에서 사회 혼란이 야기되는 것이다. 제3세계 국가가 근대화론에 입각하여 자신들의 전통성을 포기함으로써 여러 가지 소외 현상의 병폐를 경험하게 될 수도 있다.

제3세계의 저발전 요인은 내부 못지않게 외부에서도 찾을 수 있어야 한다. 예를 들어 선진국의 후진국에 대한 정치적 압력, 경제적 지배 등도 저발전에 크게 작용하는 것이다. 이러한 사실들에 주목하여 나타난 이론이 바로 종속이론이다.

종속이론(dependency theory)은 1960년대 라틴아메리카 대륙의 학자들이 라틴아메리카의 발전 문제를 다루면서 제기한 이론이다. 종속이론에서는 근대화론이 제3세계의 현실과 맞지 않는다고 비판하면서 그들의 저발전은 국내적 요인이 아닌 외부 선진국과의 관계에서 비롯된 것이라고 주장한다. 이 이론에 따르면 세계 체제는 발전된 선진 자본주의 국가인 중심부와 저발전 단계의 제3세계 국가인 주변부로 구성된다. 종속이론에서는 중심부와 주변부가 지배-종속 관계로 맺어져 있다고 주장한다. 이 관계는 과거 제국주의 국가에 의해 구축된 주변부 식민지의 경제구조에서 그 기원을 찾을 수 있다고 본다. 종속이론은 사회의 발전과 저발전을 국내적 수준에 국한하여 설명한 근대화론의 한계를 극복하는 동시에 사회변동에 대해 국제적 힘의 관계 및 세계 체제와 연관하여 설명한다. 더 나아가 사회변동에서의 이데올로기적 문제의 중요성을 부각시켜 주체적 발전의 당위성과 발전 과정에서 나타나는 문화적 다양성을 강조한다.

오랫동안 중심부 국가로부터 수탈을 당한 라틴아메리카의 경우, 비록 정치적으로는 식민지 체제에서 벗어났다고는 하나 경제적으로는 여전히 식민지 경제구조 사슬로부터 해방되지 못한 상태이다. 따라서 식민 통치를 오래 경험한 국가일수록 식민지 경제체제의 역사로 인해 자본주의 세계경제에서는 지배와 종속 관계가 더욱 심화될 수 있다. 이처럼 종속이론은 여러 국가들의 역사적 특성을 토대로 하고 있기 때문에 이들이 세계 자본주의 사회에서 겪고 있는 경제적 침체 현상을 설득력 있게 설명한다.

하지만 종속이론 역시 그 내용에 있어 한계가 있다. 종속이론은 주로 라틴아메리카의 경험을 중심으로 논의를 전개하기 때문에 세계 체제 속에서 지속적인 성장을 이룬 아시아 지역의 신흥 공업국들을 설명하기에는 여러 가지 이론적 논리 구조의 한계를 보인다. 또한 종속이론은 중심부와 주변부의 관계가 영속적으로 이어질 것이라는 것을 전제하기 때문에 저발전 국가의 상황이 지속화될 것이라고 단정하는 오류를 범하기도 한다.

15

집단, 조직, 의사소통 : 그 복잡한 규범과 권력관계

사 회 연 구 의 이 론 과 실 제

집단, 조직, 의사소통 : 그 복잡한 규범과 권력관계 15

1) 집단의 개념과 범주

어떤 공통된 특성을 지닌 구성원 무리들이 동류의식과 결속력을 지니면서 일정한 사회적 관계를 맺게 되면 사회집단이 된다. 집단은 구성원들 간 관계의 특성과 접촉 방식에 따라 1차집단과 2차집단으로 분류될 수 있다. 찰스 쿨리(Charles H. Cooley)가 본격적으로 개념화시킨 1차집단에 대한 연구는 사람들의 사회화 과정과 사회집단 형성과정에 관한 것이다. 사실 쿨리는 1차집단과 대비되는 집단 개념으로 2차집단이라는 명칭은 사용하지 않았으며, 이에 대한 학문적 관심도 크지 않았다. 하지만 이후 후학들에 의해 1차집단과 대비되는 개념으로 2차집단이라는 의미 역시 고찰되기 시작했다.

'1차집단'은 전인격적(全人格的) 관계로 맺어진 대면적 공동생활을 특징으로 하는 집단을 의미한다. 여기서 전인격적 관계는 인간관계 맺음이 인격 전체와 연관된다는 의미이며, 자신의 모든 부분을 함께 나눌 수 있을 정도로 친밀한 관계이다. 1차집단은 한 개인이 성숙한 사회적 존재로 성장하는 데 있어서 중요한 기능을 하는데, 친밀한 감정적 상호작용과 공감을 통해 사회규범과 도덕적 가치를 배우게 된다. 집단의 규모가 소규모일 때 1차집단의 성립조건이 갖춰지기가 용이하다.

'2차집단'은 특정 목표를 지닌 사람들이 해당 목표를 달성하기 위해 의도적으로 만든 집단이다. 이 집단 내의 인간관계는 비인격적, 간접적, 수단적 성격을 지니며, 주로 형식적인 사무적 접촉 관계가 이루어진다. 또한 특수한 이해관계를 바탕으로 공식적이고 합리적인 인간관계가 맺어지고, 규칙이나 법률 등에 의한 공식적인 통제가 가해진다.

한편 현대사회가 빠르게 변화하고 분화하면서 사람들은 스스로 옳다고 믿었던 규범과 가치관의 혼란을 쉽게 경험한다. 이에 개인들은 자신의 행동과 가치 판단의 기준으로 삼는 집단을 의식적으로 선정하기도 하는데, 이를 '준거집단(reference group)'이라고 한다. 준거집단은 한 개인의 신념, 태도, 가치 등을 규정하고 행동 지침을 정하는 과정에 영향을 미치는 집단을 의미한다. 이 용어는 허버트 하이만(Herbert H. Hyman)에 의해 쓰였으며, 이후 무자퍼 셰리프(Muzafer Sherif)가 한 개인이 단순히 소속되어 있는 집단인 '소속집단(membership group)'과 대비하여 개념화했다. 현대사회에서 준거집단은 개인이 사회에 적응하여 생활하는데 중요한 역할을 한다. 이 준거집단은 자신을 다른 사람과 비교할 때 느끼는 상대적 박탈감을 설명해주는 비교 준거집단과 개인의 태도 형성과정에 영향을 미치는 규범적 준거집단으로 다시 하위 범주화할 수 있다. 물론 준거집단과 소속집단은 한 개인에게 일치된 모습으로 영향을 줄 수 있다. 준거집단과 소속집단이 한 개인에게 동일하다고 느껴지면 이 집단은 구성원들에게 매력적인 집단이 된다.

2) 조직의 개념 및 특성과 관련 연구

조직이란 협력적 행위를 수행하기 위한 본질적인 수단을 제공하며, 공동목표를 달성하기 위해 조율된 행위에 참여하는 활동 영역이 분명한 구성원들의 집단을 의미한다. 이 집합체는 환경 속에 지속적으로 존재하는데, 대개 일련의 목표와 관련한 활동에 종사하며, 일정한 사회적 산출물을 낳는다. 톰 번스와 조지 스토커(Tom Burns & George M. Stalker)는 조직을 엄격한 명령과 연계를 통해 명백한 커뮤니케이션 채널이 존재하는 '기계적 조직'과 의사소통의 흐름과 지시가 한 사람에게서 비롯되는 것이 아니라 포괄적으로 일어나는 '유기적 조직'으로 분류하기도 했다.

현대사회에서 산업화와 도시화가 진행되면서 다수의 사람들이 참여하게 되는 여러 가지 과업을 체계적으로 조정하고 대규모 과업 달성을 위해 합리성을 실현하려는 관료제 조직이 운영되기 시작했다. 관료제 조직은 명백한 임무 규정과 직무에 따른 위계 체계를 통해 효율성을 강조한다. 하지만 비인간화와 형식주의로 빠질 수 있다는 단점이 있다. 합리성의 가치를 추구하는 관료제 조직을 현대의 사회현실에 부합하도록 더 명시적으로 이론화한 논의로 조지 리처(George Ritzer)의 맥도날드화(McDonaldization)에 대한 연구가 있다. 이 연구는 오늘날 대부분의 사회조직이 패스트푸드 회사인 맥도날드 조직처럼 '효율성, 계산가능성, 예측가능성, 통제' 원칙에 의해 합리성의 가치에 입각하여 운영되고 있음을 논했다. 이 합리성은 경우에 따라 다시 비합리성을 유발하는 '합리성의 비합리성' 현상을 초래하기도 한다. 효율성에 근거한 빠른 조직 운영을 위해 미리 준비하는 과정이 실제 업무 처리 과정보다 더 길어지는 경우가 바로 합리성의 비합리적 현상의 대표적인 예라고 할 수 있다.

한편 미셸 푸코(Michel Foucault)는 효율성의 원칙이 현대사회에 여러 가지 모습으로 투영되고 있음을 논하면서 시간과 공간의 통제 메커니즘을 통해 감시 영역의 확장 현상을 분석했다. 건축 형태 중 원형 감옥인 파놉티콘(Panopticon)이 바로 이를 대변하는 구조라 할 수 있다. 이 건축 개념은 원래 철학자이자 법학자인 제러미 벤담(Jeremy Bentham)이 죄수를 효과적으로 감시할 목적의 원형 감옥을 고안하면서 시작되었다. 이 감옥은 원형

공간의 중앙에 높은 감시탑을 세우고 감시탑 바깥의 원 둘레를 따라 죄수들의 방을 만들도록 설계되었다. 또한 중앙의 감시탑을 어둡게 만들어서 죄수들이 감시자의 시선을 알 수 없도록 했다. 당시에는 이 설계가 큰 주목을 받지 못했지만 이후 푸코가 자신의 저서인 『감시와 처벌(Surveiller et punir)』에서 파놉티콘의 감시 체계 원리가 사회 전반에 퍼지고 있음을 논의하면서 새롭게 주목받기 시작했다.

한 사회에서 의사소통 구조의 효율성만을 따지게 되면 대부분의 조직은 관료제화되기 쉽다. 관료제는 집단이나 조직 내 집무를 합리적, 계층적으로 나누어 대규모 행정 관리 활동을 효과적으로 수행하기 위한 조직 운영 유형이라고 할 수 있다. 그런데, 이 관료제가 지속될 경우, 소수의 사람들에 의한 권력 집중 현상이 빈번하게 나타나기도 한다. 일찍이 로베르트 미헬스(Robert Michels)는 '과두제의 철칙(iron law of oligarchy)'이라는 개념을 통해 소수에 의한 사회 지배 및 권력 집중 현상을 설명하기도 했다.

최근에는 공식적 조직 못지않게 비공식적 조직 역시 사회에서 중요한 기능을 하고 있다. 때로는 비공식적 조직의 네트워크가 조직의 전체적인 흐름을 보다 원활하게 해주거나 관료제의 역기능을 막아주는 역할을 하기도 한다. 예를 들어 머튼은 관료들이 문서화된 규칙과 절차를 엄정하게 따르도록 훈련되어 있어서 창의적 문제해결 능력이 부족한 의례주의적 성향이 나타나는 것을 경계하기도 했다. 이는 조직의 본질적인 목표 추구보다 앞서 언급한 관료제적 지배 규칙의 무조건적인 준수를 우선시하게 되는 조직 운영상의 부작용을 언급한 것이기도 했다. 따라서 비공식적 조직이 조직 내에서 긍정적으로 운영될 경우, 조직의 생존에 실질적인 큰 도움을 줄 수도 있다.

이 같은 기류는 일본의 조직 모델에서 이미 나타나고 있다. 일본은 효율성을 추구하는 관료제를 넘어서 아래로부터의 의사결정, 고용 안정성, 집단지향적 생산 및 업적 평가, 노동과 개인 생활의 융화 등을 특징으로 하는 일본식 조직 모델을 기업 내에 추구하기도 했다. 현재는 세계적으로 관료제 조직의 특징인 상명하복(上命下服) 구조만을 따르지 않는 네트워크 구조가 폭넓게 형성되고 있다. 이제 전 세계에 걸쳐 네트워크에 의한 조직 확장 현상이 나타나고 있다. 국제정부조직(예 : 국제연합, 유럽연합), 국제금융기구(예 : 국제통화기금), 국제적 비정부조직(예 : 그린피스), 국제적 경제조직(예 : 다양한 다국적, 초국적 기업) 등의 확산 현상은 대표적 예라고 할 수 있다. 이와 관련하여 카스텔은 전 세계적으로 '네트워크 사회'가 도래했다고 논했다. 네트워크의 본질이 유연성과 적응성인 만큼 네트워크 조직의 특징은 앞서 살펴본 관료제의 특성과는 완연한 차이를 보인다. 최근 급속도로 발전한 정보통신기술이 바로 네트워크 조직의 확산을 추동했다고 볼 수 있다.

사회구성원들은 이 네트워크를 통해 사회적 자본(social capital)의 중요성을 인식하기 시작했다. '사회적 자본'이란 사람을 효과적으로 행위하게 만드는 유용한 사회적 연결망으로 상호 의무감과 신뢰, 효과적인 행동을 지배하는 규범에 대한 이해와 사회적 자원을 함께 포함한다. 흥미로운 점은 로버트 퍼트넘(Robert D. Putnam)이 자신의 저서인 『나홀로 볼링(Bowling Alone)』에서 혼자 볼링 치는 사람에게서 현대사회의 모습이 잘 드러나 있다고 보았는데, 이 현상은 곧 공동체 상실의 징후이며 따라서 현대사회에서의 사회적 자본의 쇠퇴에 대한 가능성을 제시하기도 했다.

3) 조직의 문화와 의사소통

조직문화란 한 조직의 구성원들이 공유하는 가치관, 신념, 이념, 관습, 지식과 기술을 총칭하는 것으로서 조직 구성원과 조직 행동에 영향을 주는 기본적 요인이다. 조직 내 일하는 사람들이 상호작용할 때 관찰되는 행동의 규칙성, 직업 집단 내에서 존재하는 규범, 조직이 강조하는 가치관 등은 사회학 분야에서 조직문화를 연구할 때 논의되는 주제이기도 하다. 조직문화는 다음과 같이 여러 가지 기능을 한다.

첫째, 조직문화는 조직 내에 속해 있는 사람들로 하여금 조직 구성원으로서의 정체성을 갖도록 만든다. 규범, 가치의 공유는 조직 구성원들에게 일체감을 느끼게 하여 공통 목표의 달성을 용이하게 한다. 그들은 오랜 기간 조직문화에 노출되어 함께 지냄으로써 가치와 행동방식의 동질화가 이루어진다.

둘째, 조직문화는 집합적 몰입 현상을 일으킨다. 공유된 문화에서 비롯된 공통 목표는 해당 문화를 수용하는 사람들의 몰입을 통해 효과적인 과업 달성을 이끌어내기도 한다.

셋째, 조직문화는 조직 체계의 안정성을 높여 준다. 조직 구성원 간 협조 및 통합의 의사소통을 촉진하는 역할을 하게 한다.

조직의 경영전략을 실행할 때 효과를 보기 위해서는 우선 조직의 목표와 조직문화와의 적합성 여부를 검토해야 한다. 조직문화가 강할수록 조직 구성원들의 행태 일관성이 증대하며, 강력한 통제수단으로 작용하는 조직문화는 성문화된 공식화를 대체할 수 있게 된다. 또한 조직문화는 조직의 최초 설립자와 처음 조직이 설립될 당시 구성원들의 특징이 제도화되어 시간이 지났더라도 현재의 조직 구성원들에게도 영향을 미칠 수 있다. 예를 들어서 어떤 하나의 일화(stories), 의례(ritual), 물질적 상징(material symbol) 등의 형태로 조직문화가 확산되기도 한다.

일단 조직문화가 조성되고 나면 구성원들은 이를 유지하려고 노력한다. 특히 새로운 조직 구성원의 선발(selection) 과정에서 이 같은 현상이 잘 나타난다. 선발 과정의 목표는 조직 내에서 직무를 성공적으로 수행할 수 있

는 지식, 기술, 능력을 갖춘 사람을 선별하여 고용하는 것뿐만 아니라 조직문화에 위협적인 요소를 제거하는 것도 포함된다. 조직 구성원이 되면 엄격한 조직 사회화 과정을 거쳐 문화를 습득하게 된다. 조직문화는 좀처럼 변화하지 않는다. 하지만, 조직에 갑작스러운 위기가 닥치거나, 또는 경영자가 교체되거나, 조직 수명주기 단계 중 전환기를 맞게 되거나, 현재의 문화 및 가치에 대한 조직 구성원들의 합의도가 낮을 경우에 조직문화에도 변화가 나타나기 시작한다.

한편 조직문화 유형과 관련하여 윌리엄 오우치(William G. Ouchi)는 Z이론을 발표했다. 일찍이 그는 미국과 일본에서 경영활동을 하고 있는 대기업 대표들과의 인터뷰를 통해 조직문화를 유형화했다. 미국의 전통적 경영관리 방식을 A유형, 일본의 방식을 J유형으로 각각 규정하고, 이들을 융합한 Z형을 이상적인 기업 경영방식 유형으로 제시했다. 아이비엠(IBM), 코닥(Eastman Kodak), 휴렛 팩커드(Hewlett-Packard)의 성공 사례에서 일본 기업 스타일의 운영 방식을 발견하고 이들 기업에서 동류집단으로서의 내적 일관성을 찾아냈다. 이 기업들은 모두 그 구성원들이 강한 공동체 의식을 지니고 있고, 공통의 가치와 신념으로 이루어진 조직문화가 내재되어 있었다. 그가 분석한 A형 조직, J형 조직, Z형 조직의 특성을 정리하면 다음과 같다.

'A형 조직'의 특징은 단기고용, 단기목표, 즉각적 평가와 승진, 규칙이나 정책 등의 가시적인 통제 방법, 개인적 의사결정, 개인 책임, 개인의 조직 내 역할에 대한 관심 등이다. 한편 'J형 조직'은 종신고용, 엄격한 평가와 느린 승진, 암묵적 자기 통제로의 의존, 집단적 의사결정, 집단 책임, 조직 구성원 개인 자체에 대한 관심 등의 특징을 보인다. 한편, 'Z형 조직'은 앞선 두 조직의 특성을 이상적으로 혼합한 조직문화를 형성하여 이를 조직 자체에 적용한다. 이 조직의 특징은 장기고용을 위한 재훈련을 통한 인력 재활용, 비교적 장기적 평가와 느린 승진, 다기능적 경력 경로, 직무 순환을 통한 광범위한 능력 개발, 명시적 · 암시적 통제의 균형, 규칙과 절차에 근거한 자기 통제, 모든 사원이 주요 결정에 참여하는 참여적 · 합의적 의사결정 과정, 결정에 관한 관리자 개인의 책임, 종업원에 대한 총체적 관심 등으로 외현된다.

4) 기업조직의 권력

기업조직 내 권력관계는 다양한 방식으로 형성된다. 기업은 자원 할당이라는 측면에서 정치체계를 충실히 따르는 조직이다. 그러한 의미에서 여기서 말하는 권력관계는 대인적 권력관계 이상의 것을 의미한다. 기업은 기업 단위 조직 간 권력관계를 검토하여 자원 할당을 할 수 있는 강제성을 경영에 활용한다.

기업조직에서 권력을 잘 이해하기 위해서는 권력의 관계성을 의존적 측면에서 살펴보아야 한다. 대인적 권력만큼 중요한 것이 기업 내 부서 간 권력이다. 권력은 구체적인 행위 형태로 사용되거나 행사된다. 권력을 유지하기 위해 사람들은 자신과 타인의 역할 의무를 상대방이 지각하도록 권력을 의식적으로 행사하기도 한다. 조직 내 권력은 적절한 보상, 강제하는 능력, 정당성, 전문적 지식, 권력 수령자에 대한 준거 기능, 유대 등으로 이루어진다.

기업 내 권력은 수직적 차원뿐만 아니라 수평적 차원에서도 행해진다. 예를 들어 기업 내에서 직급상으로는 대등한 위치에 있는 조직 간에도 예산 분배 및 산출 할당, 인사권 행사 등과 같은 문제가 대두될 때 권력관계가 발생한다. 그리고 조직에서 권력을 획득한 자는 권력을 계속 유지하려는 경향이 있는데, 이는 조직 내 의사결정과 연관되어 있기 때문이다. 따라서 현대사회에서 많은 기업 조직들이 기업 내 권력 행사가 어느 한 쪽에 치우치지 않도록 통제할 다양한 결사체를 구성하기도 한다.

실제 기업조직 내 노동활동 과정 중 발생하는 권력관계에서는 공식적 권력 행사를 가능하게 하는 직무와 과업이 크게 눈에 띄지 않을 수도 있다. 하지만 노동자들은 그들이 생각하는 것보다 훨씬 많은 권력을 행사하거나 이에 영향을 받고 있다. 예를 들어 대체 불가능한 전문적 지식, 직무에 대한 노력과 관심의 양, 외부환경 변화에 대한 과거 경험 등에 의해 권력관계가 형성되어 실제로 행사되는 경우도 자주 있다. 따라서 권력은 기업집단, 조직의 의사소통 과정에서 꼭 고려해야 하는 중요한 사회적 변인이라 할 수 있다.

16

집합행동과 사회운동의 특성

집합행동과 사회운동의 특성 16

1) 집합행동의 개념과 참여 구성원들의 특성

사람들은 일상생활 속에서 개인적으로 행동하는 경우도 있지만 함께 모여서 여러 가지 공동의 목적을 추구하는 행동을 하기도 한다. 이처럼 사람들이 함께 무리를 지어 활동하는 현상을 가리켜 집단행동(group behavior)이라고 명명한다. 집단행동은 그 행동 양식에 따라 여러 가지 구분 방법이 있으며, 사회학에서도 관련 하위 개념을 다양한 기준으로 분류하면서 다양한 학술 연구가 진행되어왔다. 본서에서는 집단행동을 집합행동과 사회운동으로 나누어서 논의하기로 한다. 이 두 개념을 구분하면 비교적 느슨한 형태로 무리 지어 행동하는 경우를 '집합행동(collective behavior 또는 collective action)'이라고 하고, 잘 조직되어 단결된 집단으로 행동하는 경우엔 '사회운동(social movement)'의 성격을 지닌다고 본다.

집합행동에 관한 사회학적 연구는 제도화된 행동에 포함되지 않는 다수 개인들의 행동을 설명하고자 시작되었다. 여기에서의 제도화된 행동이란 자신이 속한 사회의 규범에 따르는 행동을 의미한다. 집합행동의 특성은 다음과 같다. 첫째, 집합행동은 기존의 규칙이나 규범, 질서를 벗어나거나 변화시킬 목적으로 행해지지만, 정작 해당 집단만이 추구하는 명확하고 특정한 목표 자체는 없다. 왜냐하면 집합행동은 우연적, 우발적 상황에서 일어나는 경우가 많기 때문이다. 둘째, 집합행동은 집합의 경계가 느슨하고 불분명한 경우가 대부분이다. 셋째, 집합행동에는 반란, 폭동처럼 비합리적이고 감정적인 동기가 중요하게 작용한다. 넷째, 집합행동에는 공식적인 역할 분담이 결여되어있다. 따라서 그 구성원들 간 목표의식의 공유 정도가 약하고, 상호작용이 일시적이어서 집합행동 자체가 일시적, 단기적으로 끝나는 경우가 많다. 다섯째, 격렬한 상황에서는 사회의 기존 규범, 제도, 통제 기제 등이 무력화되지만, 이러한 상황이 지속되는 것은 아니라서 곧 안정된 질서를 회복하게 된다.

이 같은 집합행동에 참여하는 사람들은 자신들만의 특성을 갖고 있다. 집합행동은 개인이 아닌 여러 사람들이 모여 의사를 전달하는 것인 만큼 참여하는 사람들 역시 다양하다. 집합행동을 위해 모인 사람들은 크게 군중, 대중, 공중으로 분류가능하다. 군중(crowd)이란 어떤 개인이나 사건을 중심으로 비슷한 이해를 갖고 일시적으로 모인 사람들의 집합이다. 대중(mass)은 일반적으로 군중보다 규모가 크지만 서로 분리되고 고립되어 존재한다. 공중(public)은 일정한 공통 관심사에 대해 서로 소통하고 토론하는 일군의 사람들을 의미한다. 이같이 집합행동에 참여하는 사람들의 특징을 정리하면 다음과 같다.

첫째, 군중(crowd)과 관련하여 일찍이 미국의 사회학자 허버트 블루머(Herbert G. Blumer)는 어떤 사건을 중심으로 공통의 이해와 태도를 갖고 일시적으로 모인 사람들의 집합체로 정의했다. 군중은 물리적으로 근접해 있으나 조직화되어 있지는 않고, 동일한 관심의 대상이 사라지면 쉽게 해산된다. 대표적인 예로 스포츠 경기, 공연을 보기 위해 모였거나 정치적 또는 종교 집회에 참석하기 위해 모인 사람 등을 군중이라 할 수 있다.

군중은 다시 우연적 군중, 인습적 군중, 표출적 군중, 행동적 군중의 하위 개념으로 범주화할 수 있다. '우연적 군중'은 자동차 사고 등과 같이 우연적 사고로 인해 사람들이 한 장소에 모이게 되는 경우이다. '인습적 군중'은 백화점에 쇼핑을 하기 위해 사람들이 모이듯이 일상적 활동 속에서 자연스럽게 나타나는 군중을 말한다. '표출적 군중'은 축제와 같이 정서적 욕구의 충족을 위해 만들어진 모임에 참여하는 군중을 가리킨다. '행동적 군중'은 동일한 목표를 갖고 행동에 함께 참여하는 군중으로, 여러 가지 항의 시위 등이 그 대표적인 예이다.

둘째, 대중(mass)은 공간적으로 널리 확산되어 있으며, 공통된 관심에 따라 행동하는 이질적이고 분산된 다수의 사람들을 의미한다. 일반적으로 군중보다는 그 규모가 크다. 대중은 사회문제에 관심을 보이며, 공적 영역에 자신들의 의견을 전달하여 여론을 형성하기도 한다. 또한 대중의 행동은 개인적 선택에 의해 이루어진다. 대중을 이루는 사람들의 개인적 경험과 사회적 위치는 특정 집단이 진행하는 행동 하나하나에 영향을 미치게 된다. 우리 주변에서 자주 언급되는 소비 대중, 유권자 대중 등의 개념이 그 대표적인 예라고 할 수 있다.

셋째, 공중(public)은 특정한 공동의 현안에 관심을 갖고 있으나 이 문제를 토론하고 해결하는 과정에서 반드시 같은 의견만을 갖지 않는 다수의 사람들을 의미한다. 공중은 군중이나 대중과는 달리 주어진 어떤 사회적 쟁점을 중심으로 형성된 자발적인 집단이다. 공중은 고정적, 영속적인 존재가 아니라 현안과 쟁점이 해소되면 곧 해체되어 버린다. 공중은 주로 공적 문제에 관심을 보이며 정책 결정에 중요한 영향을 미치지만, 문제 해결에 대해서는 적극적인 자세를 취하지 않는다. 바로 이것이 대중과 구별되는 차이점 중 하나이다. 또한 공중은 대중과는 달리 토론과 논쟁을 통한 이성적이고 해석적인 상호작용을 한다. 공중은 특정 사회문제를 중심으로 형성된 집단으로 공적 문제에 따라 그 규모나 구성원이 달라지며, 어떤 사회적 이슈(issue)가 나타나면 자신만의 의사를 지니는 경우가 많다. 따라서 공중의 의견을 잘 파악할 수 있는 사회조사방법이 여론조사이다.

2) 사회운동의 개념, 특성, 발생조건

(1) 사회운동의 개념과 특성

사회운동은 기존의 제도권 외부에서 공동의 이익 증진이나 사회제도와 질서의 변화 등 공동의 목적을 달성하려는 집단적 수준의 행동 시도를 의미한다. 사회운동은 참여자들이 일정한 목표를 공유하고 꾸준하게 행동을 전개한다는 점에서 집합행동과는 구별되는 특성을 갖고 있다. 이처럼 사회운동은 지속적, 반복적, 조직적이며, 그 행동의 목표와 정당성이 명백하며, 목표를 실현하기 위한 프로그램이 준비되어 있는 경우도 있다. 더 나아가 사회운동은 지향하는 목표의 당위성을 확보하고 구성원들에게 방향성을 제시하는 이데올로기도 갖고 있다. 특정 신념을 공유하는 다수의 개인들이 문제를 해결하기 위해 사회운동을 발생시키고, 구성원들은 새로운 규범이나 가치를 제도화하기 위해 조직적으로 활동한다. 사회운동은 노동운동, 인권운동, 환경운동, 반전운동, 여성운동, 소비자운동 등 매우 다양하다.

사회운동이 집합행동과 구별되는 것은 체계적인 조직을 구성하고, 그 구성원들 사이에는 역할이 잘 분담되어 있다는 점이다. 따라서 주로 우연적, 즉흥적으로 이루어지는 집합행동과는 차이가 있다. 사회운동의 가장 극적인 형태인 혁명은 사회적 가치, 목표, 법규 등을 전복시키고 새로운 질서를 형성하려는 급격하고 총체적인 사회변동을 의미한다.

한편 사회운동의 활동 주기는 크게 4단계로 정리할 수 있다. 첫째, 사회운동의 초기 단계에서는 혼동, 불안, 불만과 같은 감정적 요소들이 사회구성원 개인들에게 나타난다. 하지만 그러한 감정을 지닌 개인들의 구체적인 상호작용은 일어나지 않는다. 둘째, 사회운동이 일반 대중에게 확산하여 국가나 사회를 구성하는 일반 국민에게 사회적 불만이 전파되는 단계이다. 이 과정은 특정 사회문제가 전체 사회구성원들의 의식 속에 공통된 쟁점으로 자리 잡게 되는 단계이다. 셋째, 사회운동이 안정된 조직 형태를 이루면서 목표를 실현하기 위해 구체적인 프로그램이 만들어지고, 이와 관련한 명확한 이데올로기가 정립되는 단계이다. 넷째, 사회운동이 성공적으로 수행되어 목표가 달성됨으로써 제도화되는 단계이다. 즉 사회운동의 원인이었던 문제들이 사회제도 내에 반영되어 새로운 사회질서가 성립되는 과정이다. 사회운동은 기존에 없던 문제를 새로운 제도권 내로 편입시킴으로써 합법적으로 해당 문제를 해결하려는 목적으로 이루어진다고 볼 수 있다.

(2) 사회운동의 발생조건

사회운동의 발생 조건에 관해 지금까지 많은 사회학자들이 연구해왔다. 그중에서 자주 인용되는 닐 스멜서(Neil J. Smelser)의 연구에서는 사회운동이 일어나기 위한 조건과 과정에 대해 구조적 유발성, 구조적 긴장, 일반화된 신념, 촉발요인, 참여자 및 행동의 동원력, 사회통제로 범주화했다.

'구조적 유발성'은 사회운동이 일어나기 위한 사회구조적·문화적 선행요건을 의미한다. '구조적 긴장'은 사회구성원들이 사회모순에 대해 심리적으로 느끼는 의심을 말한다. 갈등, 박탈, 불안 등의 심리적 모습이 구체적인 예이다. '일반화된 신념'은 구조적 긴장의 원인을 밝히고 문제를 해결하기 위해 어떤 대응책을 강구할 것인지를 생각하면서 해당 사회운동의 추구

과정의 지향 가치를 일반화하는 과정에서 나타난다. '촉발요인'은 우연적 또는 고의적으로 어떠한 경우에서라도 발생할 수 있으며, 사회운동으로의 이행을 직접적으로 돕는다. 사회운동이 폭발하게 되는 하나의 직접적인 계기라고 할 수 있다. '참여자 및 행동의 동원력'은 사회운동의 정당성을 알리고 선동할 수 있는 조직, 리더, 그리고 여러 가지 지원의 필요성을 의미한다. '사회통제'는 발생하려는 사회운동이 지닌 힘을 주로 지배계급이 억제하는 과정에서 나타나는 요인이다. 사회운동이 성공적으로 통제되면, 사회운동은 끝나게 된다. 하지만 사회통제가 적절하게 작용하지 않으면 사회운동은 더욱 촉진될 수도 있다. 이와 반대로 사회운동에 대한 통제가 지나치게 강한 경우에도 이에 대한 반발심으로 사회운동이 더 확산할 수도 있다. 이처럼 사회통제는 사회운동을 발생시키는 중요한 변인임에 틀림없다.

3) 새로운 사회운동의 등장 : 신(新)사회운동과 사이버 운동

일반적으로 산업화 시대에 진행된 전통적인 구(舊)사회운동을 노동운동이라고 한다. '노동운동'은 경제적 궁핍화에서 비롯되며, 자본가와의 적대관계 속에서 경제적 정의를 실현하고자 노력한다. 이 운동 과정은 계급 정체성을 지니며, 조직은 형식적, 위계적으로 구성된다.

반면 노동운동과는 다른 새로운 형태와 내용의 운동이 등장했는데, 바로 신(新)사회운동과 온라인 공간의 사이버 운동이 그것이다. '신사회운동'은 개인의 불안, 공포, 불확실성으로 인해 발생하며, 기존 사회체계 전체를 적대 세력으로 보고 삶의 질 향상을 위해 진행된다. 이 운동 과정은 개별 정체성을 지니며, 조직은 분산적, 수평적 성격을 띤다. 환경운동, 여성운동 등이 대표적인 신사회운동이다. 온라인 공간에서의 '사이버 운동'은 기존 주류의 삶을 영위하는 사람들과의 소통 부재를 해결하고자 표현의 자유를 목표로 온라인상에서 일어난다. 이 운동에 참여하는 사람들은 사이버상의 온라인 사이트 접속의 목적과 성격에 따라 복합적인 정체성을 띠며, 클릭과 같은 단순한 행위를 통해 사회운동에 참여하거나 관여할 수 있다.

하지만 최근 온라인 공간에서 이루어지는 사이버 운동이 사회운동으로 올바르게 기능하고 있는지에 대한 다양한 사회적 논쟁들이 제기되고 있다. 사회운동으로서의 정체성이 내재해 있다고 주장하는 사람들은 이미 사이버 운동이 사회운동으로서의 다양한 기능을 수행하고 있다고 본다. 제품 생산자에 대응하는 새로운 소비자운동, 정치권력자들에 대한 역(逆)감시운동, 오프라인에서 진행되는 의미 있는 사회운동을 재활성화하려는 운동, 대안적 미디어 운동 등은 사이버 운동이 사회운동의 전형적인 기능을 수행한다고 볼 수 있는 예이다. 반면 사이버 운동이 기존 사회운동으로서의 정체성을 갖기에는 한계가 있음을 주장하는 사람들도 있다. 이들은 사이버 운동이 대부분 실제 행동으로 이어지지 않는 담론 투쟁이기 때문에 물리적 수단을 동반한 적극성을 보이기가 어렵고, 대부분의 활동이 일회적 성격이 강하며, 조직적이지 못하고, 활동 기간이 짧다는 점을 근거로 내세운다.

4) 집합행동과 사회운동의 사회학적 의미

집합행동과 사회운동의 가장 큰 공통점은 공적으로 제도화되지 않은 집단행동이라는 점이다. 그래서 이러한 운동들은 기존의 제도를 유지하려는 기득권 계층에게는 일탈행동으로 간주되어 사회적 비난과 제재를 받기가 쉽다.

한편 이 두 운동의 차이점은 집합행동이 주로 감정에 치우치고 체계적으로 조직화되지 못하는 활동인 반면, 사회운동은 조직화된 집단을 형성하여 의도적, 계획적으로 활동한다는 점이다. 또한 집합행동이 일시적, 단기적인 행동 유형을 보이는 반면, 사회운동은 지속적, 장기적인 행동을 보인다. 집합행동은 의사소통, 공감대, 조직 등이 체계적으로 형성되어 있지 않으며, 비록 형성되더라도 단기적인 목표가 달성되거나 대항 세력의 공격에 의해 행동의 구심력이 약해지면 쉽게 해체되어 버리는 경향이 있다. 반면 사회운동은 목표 의식이 뚜렷하고 체계화된 조직을 갖추고 있어서 대항 세력의 탄압이나 공격에도 쉽게 해체되지 않고, 원래 추구하던 목표를 지속적, 장기적으로 유지해 나가는 경향이 있다.

본격적인 포스트모던 시대를 맞이하여 현대사회에서는 급속한 변화 속에서 사회규범을 실천해 나가는 과정에서 여러 가지 유형의 혼란스러운 상황이 발생해 왔다. 그럴 때마다 인간은 다양한 사회문제에 직접 개입하여 문제 해결을 위한 법과 제도를 만들어냈다. 하지만 제도적으로 수행가능한 행정 범위나 실행 능력의 한계 때문에 규정된 사회규범과 규칙만으로는 사회문제를 해결하기가 어려울 때가 있다.

이처럼 법적, 제도적 방법을 통한 사회문제 해결이 어렵거나 기존의 제도가 사회문제를 유발하는 경우, 이에 대한 사람들의 불만이 쌓이게 되고, 이러한 심리 상황 속에서 제도화되지 않은 집합행동이나 사회운동을 통해 해당 문제점을 밖으로 표출하는 행동을 하기가 쉽다. 그 결과 사회구성원들이 공통적으로 그 심각성을 인식하게 된 사회문제에 대해서는 그 해결을 위한 새로운 제도가 마련됨으로써 사회적 갈등이 해결되는 모습을 보이게 된다. 바로 이러한 이유로 사회운동이 사회적 가치가 있는 것이다.

이상 살펴본 바와 같이 여러 가지 집단행동들이 다방면으로 연계되고 확산하고 있다. 사회에서 자주 볼 수 있는 이러한 행동들의 본질을 정확하게 이해하기 위해서는 그 참여자들이 왜, 어떤 이유로 직접적인 실천 행동을 하고 있는지를 사회학적 지식을 이용해 분석할 수 있어야 할 것이다.

17

나오는 글 : 사회학적 사고를 통한 사회 연구의 필요성과 전망

나오는 글 : 사회학적 사고를 통한 사회 연구의 필요성과 전망 17

사회구성원들은 다양한 의식과 행위를 통해 사회구조와 소통한다. 우리 삶에 영향을 미치는 사회환경이 인간의 사고를 지배하기도 하고, 그와 반대로 인간의 의식과 행위가 모여 새로운 사회질서를 이루기도 한다. 결국 사람들은 개인적 수준의 자기 삶의 본질에 대한 성찰과 타인과의 사회적 관계를 통해 스스로 창조적 삶을 만들어 나가는 것이다.

역사적으로 볼 때, 인간과 사회현상의 본질을 분석하여 설명하려는 다양한 사회학적 연구들이 존재해왔다. 그럼에도 불구하고 아직까지도 많은 사람들이 사회학적 고찰이 어렵다고 느끼는 이유는 현실을 가장 정확하고 쉽게 분석해야 할 사회학적 사고체계가 사람들에게 명료하고 알기 쉽게 다가가지 못했기 때문일 것이다. 현실을 알기 쉽게 설명하기 위한 사회학적 논의 과정이 원활하게 이루어지지 못했다면, 그것은 다양한 사회학 연구주제와 관련하여 그것에 내재한 이론 적용 및 정립, 가설 설정, 현상 관찰, 일반화로 이어지는 사고의 순환과정이 개인에게 효과적으로 구현되지 못했기 때문일 수도 있다.

사회학은 오랜 학문적 역사에서도 알 수 있듯이 다양한 사회학자들을 통해 현대사회의 본질을 체계적으로 설명하는 수많은 이론적 논의를 거듭해왔다. 이를 통해 사회 동향에 대한 분석과 미래에 대한 예측 역시 지속적으로 진행되어왔다. 하지만 그 과정에서 기존의 사회학 연구 결과와 관련 이론으로 충분히 설명할 수 있는 사회 현실을 목도(目睹)했음에도 불구하고 이것이 중요한 사회학적 논의 대상임을 간과할 때도 종종 있었다. 어쩌면 현재 현대사회를 살아가는 사람들에게 우선적으로 필요한 것은 새로운 이론 지식을 개발하고 정립하기에 앞서 기존 사회학의 다양한 이론과 연구 성과를 총체적으로 검토하고 비판적, 분석적 측면에서 다소 느슨해졌던 사회학적 상상력을 함양하는 훈련을 재시도하는 것일지도 모른다.

자신의 주변에서 발생하는 사회현상을 바라보면서 기존 사회학자들의 이론과 연구 결과물을 적용하여 해당 현상을 설명할 수 있을지 여부를 상상해보는 것은 사회 연구의 기본 과정이라 할 수 있다. 사회구성원 스스로 독려하는 사회학적 사고와 반복적이고 창의적인 실제적 현실 적용 훈련은 현재의 복잡다단한 사회현상의 본질을 파악하고 진리를 추구하게 하는 원동력이 되어 줄 것이다.

융합사회로 명명되는 미래 4차 산업혁명 시대의 사회 동향을 종합적으로 분석하고, 그 지식을 통해 긍정적인 미래 사회를 구현하는 과정에 사회학 지식은 중요한 기능을 담당할 수 있다. 이 순수학문 내 이론적 담화구조와 실천적 행위를 관계 맺도록 하는 학습 과정은 개인의 생산적인 사고능력 향상에 도움을 줄 것이다. 그리고 사회를 함께 살아가는 타인에 대한 문화적 이해도를 높여 주어 공존하는 사회의 존재론적 의미를 성찰할 수 있게 해 줄 것이다. 더 나아가 개인과 사회에 주어진 삶의 방향성과 원칙을 구체적으로 실천할 수 있는 역량을 길러 줄 것이다.

이제 사회학 지식체계의 틀을 통해 현재의 복잡다단한 사회현실을 바라보면서 사회학 내 각 하위영역 연구주제들의 다층적 지식체계가 서로 소통하고 연계되어 있음을 알아야 한다. 사회 연구를 위한 이론과 실제적 현실에 대해 사회학적 사고를 통해 깊이 사유(思惟)하는 과정은 인간의 삶을 둘러싼 현실을 분석하는데 필요한 이론과 실천의 선순환적 생산구조를 꾸준하게 유지할 수 있는 계기가 되어줄 것이다.

참고문헌

강정한 · 김문조 · 김종길 · 김홍중 · 유승호(2013). 현대사회학이론. 다산출판사.
구도완(1996). 한국 환경운동의 사회학. 문학과 지성사.
권태환 · 홍두승 · 설동훈(2006). 사회학의 이해. 다산출판사.
김문겸(1993). 여가의 사회학. 한울.
김문조(1999). 과학기술과 한국사회의 미래. 고려대학교 출판부.
김문조(2013). 융합문명론. 나남.
김영순(1996). 복지국가의 위기와 재편: 영국과 스웨덴의 경험. 서울대학교 출판부.
김종길(2008). 사이버 트렌드 2.0. 집문당.
김종길 · 김문조(2006). 디지털 한국사회의 이해. 집문당.
김창남(2010). 대중문화의 이해. 한울아카데미.
김태현 · 이문숙(2011). 현대사회와 여성. 교문사.
디지털중독연구회(2015). 인터넷 중독 상담과 정책의 쟁점. 시그마프레스.
민경배(2006). 사이버스페이스의 사회운동: 온라인 사회운동의 성공요인. 한국학술정보.
민경배(2016). 처음 만나는 사회학. 다른길.
민웅기(2002). 한국사회의 여가생활에 대한 사회구조적 고찰: 발달배경, 현황 및 대응방안. 사회연구, 4, 43-65.
민웅기(2016). 정보문화 교육콘텐츠 구성에서 추구해야 할 탈경계적 지식담론의 인문학적 학습의 필요성: 체험교육의 원리를 중심으로. 교육연구논총, 37(3), 59-76.
민웅기 · 김남조(2009). 관광자의 소비문화와 관광목적지 이미지의 담론 연구: 관광지의 장소 마케팅을 위한 탐색적 논의. 관광연구논총, 21(2), 61-82.
박경원 · 김희선(1998). 조직이론강의: 구조, 설계 및 과정. 대영문화사.
박길성(1996). 세계화: 자본과 문화의 구조변동. 사회비평사.
비판사회학회(2012). 산업사회의 이해. 한울아카데미.
비판사회학회(2014). 사회학. 한울아카데미
송복(1984). 사회불평등기능론. 전예원.
여성한국사회연구회(2000). 남성과 한국사회. 사회문화연구소.
원용진(1996). 대중문화의 패러다임. 한나래.
윤도현(2017). 복지국가론. 정민사.
이재경 · 조영미 · 민가영 · 박홍주 · 이박혜경 · 이은아(2007). 여성학. 미래M&B.
이창순(1997). 조직이론. 박영사.
이철우(2011). 新사회학 초대. 학지사.
임희섭(1999). 집합행동과 사회운동의 이론. 고려대학교 출판부.
정대연(2007). 환경사회학. 아카넷.

정헌주 · 김상호 · 김세현 · 유해미 · 이택면 · 박창남 · 김준환 · 이혜경 · 박현수 · 민웅기 · 이해진 · 유문무(2020). 사회문제의 이해(제3판). 대왕사.

조민식 · 이한메 · 임창규 · 김세현(2014). 대중을 위한 사회학의 이해. 양서원.

조정문 · 이의수(2000). 남성학과 남성운동. 동문사.

조정문 · 장상희(2007). 가족사회학. 아카넷.

조혜정(1999). 한국의 여성과 남성. 문학과 지성사.

하원규 · 최남희(2015). 제4차 산업혁명. 콘텐츠하다.

한국산업사회학회 엮음(1994). 계급과 한국사회. 한울.

한국산업사회학회 엮음(2004). 사회학. 한울.

한규석(2009). 사회심리학의 이해. 학지사.

현승일(2012). 사회학. 박영사.

홍두승 · 구해근(1993). 사회계층 · 계급론. 다산출판사.

Adorno, T. W. (1975). Culture industry reconsidered. New German Critique, 6(Autumn), 12–19.

Agnew, R. (1992). Foundation for a general strain theory of crime and delinquency. Criminology, 30(1), 47–88.

Arnold, M. (1960). Culture and Anarchy (J. D. Wilson, Ed.). Cambridge University Press.

Baudrillard, J. (1992). 소비의 사회(이상률 역). 문예출판사. (원서출판 1970)

Baudrillard, J. (2001). 시뮬라시옹(하태환 역). 민음사. (원서출판 1983)

Baudrillard, J. (1988). Consumer society. In M. Poster (Ed.), J. Mourrain (Trans.), Jean Baudrillard: Selected Writings (pp. 29–56). Stanford University Press.

Beck, U. (2006). 위험사회: 새로운 근대(성)을 향하여(홍성태 역). 새물결. (원서출판 1986)

Becker, G. S. (1975). Human Capital: A Theoretical and Empirical Analysis with Special Reference to Education (2nd ed.). Columbia University Press.

Becker, H. S. (1963). Outsiders: Studies in the Sociology of Deviance. Free Press.

Bell, D. (1973). The Coming of Post-Industrial Society: A Venture in Social Forecasting. Basic Books.

Blau, P. M. (1964). Exchange and Power in Social Life. Wiley.

Blumer, H. (1962). Society as symbolic interaction. In A. M. Rose (Ed.), Human Behavior and Social Processes: An Interactionist Approach (pp. 179–192). Houghton Millfflin.

Blumer, H. (1969). Symbolic Interactionism: Perspective and Method. Prentice Hall.

Boorstin, D. J. (1964). The Image: A Guide to Pseudo-events In America. Harper & Row.

Bourdieu, P. (1979). Outline of a Theory of Practice (R. Nice, Trans.). Cambridge University Press.

Bourdieu, P. (2005a). 구별짓기: 문화와 취향의 사회학 上(최종철 역). 새물결. (원서출판 1979)

Bourdieu, P. (2005b). 구별짓기: 문화와 취향의 사회학 下(최종철 역). 새물결. (원서출판 1979)

Braverman, H. (1974). Labor and Monopoly Capital: The Degradation of Work in the Twentieth Century. Monthly Review Press.

Brooks, A. (2003). 포스트페미니즘과 문화이론(김명혜 역). 한나래. (원서출판 1997)

Castells, M. (1977). The Urban Question. The MIT Press.

Castells, M. (1993). The informational economy and the new international division of labor. In M. Carnoy, M. Castells, S. Cohen, & F. Cardoso (Eds.), The New Global Economy in the Information Age: Reflections on Our Changing World (pp. 15-43). Pennsylvania State University Press.

Castells, M. (1996). The Rise of the Network Society. Blackwell Publishers.

Chaney, D. (1994). The Cultural Turn. Scene-setting Essays on Contemporary Cultural History. Routledge.

Chaney, D. (1997). Authenticity and suburbia. In S. Westwood & J. Williams (Eds.), Imagining Cities (pp. 137-147). Hastings House.

Cloward, R., & Ohlin, L. (1960). Delinquency and Opportunity. Free Press.

Cohen, A. (1966). Causes of Delinquency. University of California Press.

Coleman, J. S. (1988). Social capital in the creation of human capital. American Journal of Sociology, 94, 94-121.

Cooley, C. H. (1902). Human nature and the Social Order. Charles Scribner's Sons.

Coser, L. A. (2003). 사회사상사(신용하 · 박명규 역). 시그마프레스. (원서출판 1971)

Csikszentmihalyi, M., & Rochberg-Halton, E. (1981). The Meaning of Things: Domestic Systems and the Self. Cambridge University Press.

Doeringer, P. B., & Piore, M. J. (1971). Internal Labor Markets and Manpower Analysis. D.C. Heath and Company.

Dumazedier, J. (1967). Toward a Society of Leisure. Free Press.

Dunlop, J. (1958). Industrial Relations Systems. Southern Illinois University.

Durkheim, E. (1999). 자살론/사회분업론(임희섭 역). 삼성출판사. (원서출판 1897/1893)

Durkheim, E. (1984[1983]). The Division of Labour in Society (W. D. Hall, Trans.). Macmillan.

Elias, N. (1994[1939]). The Civilizing Process (E. Jephcott, Trans.). Blackwell.

Eliot, T. S. (1948). Notes Towards a Definition of Culture. Faber & Faber.

Engels, F. (2007). 가족, 사적 소유, 국가의 기원(김경미 역). 책세상. (원서출판 1984)

Esping-Andersen, G. (1985). Politics Against Markets. Princeton University.

Featherstone, M. (1991). Consumer Culture & Postmodernism. Sage.

Fischer, C. S. (1984). The Urban Experience (2nd ed.). Harcourt.

Foucault, M. (1979). Discipline and Punish. Penguin.

Foucault, M. (1988). Technologies of the self. In L. H. Martin, H. Gutman & P. H. Hutton (Eds.), Technologies of the Self: A Seminar with Michel Foucault (pp. 16-49). University of Massachusetts Press.

Freedman, J. (2002). 페미니즘(이박혜경 역). 이후. (원서출판 2001)

Geertz, C. (1975). The Interpretation of Culture. Basic Book.

Giddens, A. (1984). The Constitution of Society: Outline of the Theory of Structuration. Polity Press.

Giddens, A. (1991a). Modernity and Self-identity: Self and Society in the Late Modern Age. Polity Press.

Giddens, A. (1991b). The Consequences of Modernity. Polity Press.

Giddens, A. (1994). Living in a post-traditional society. In U. Beck, S. Lash, & A. Giddens (Eds.), Reflexive Modernization: Politics, Tradition and Aesthetics in the Modern Social Order (pp. 56-109). Polity Press.

Giddens, A., & Sutton, P. W. (2018). 현대사회학(김용학 외 역). 을유문화사. (원서출판 2017, 8th ed.)

Goffman, E. (1972[1959]). The Presentation of Self in Everyday Life. Penguin.

Griswold, W. (1994). Cultures and Societies in a Changing World. Pine Forge Press.

Habermas, J. (1979). Communication and the Evolution of Society (T. McCarthy, Trans.). Heinemann.

Habermas, J. (1984). The Theory of Communicative Action Vol. 1: Reason and the Rationalization of Society. Beacon Press.

Habermas, J. (1987). The Theory of Communicative Action Vol. 2: Lifeworld and System: A Critique of Functionalist Reason. Beacon Press.

Hall, S. (1994). Cultural studies: Two paradigms. In N. B. Dirks, G. Eley & S. B. Ortner. (Eds.). Culture/Power/History (pp. 520-538). Princeton University Press.

Harvey, D. (1973). Social Justice and the City. John Hopkins University.

Harvey, D. (1995). 포스트모더니티의 조건(구동회 · 박영민 역). 한울. (원서출판 1990)

Hirschi, T. (1969). Cause of Delinquency. University of California Press.

Homans G. C. (1961). Social Behavior: Its Elementary Form. Harcourt Brace Jovanovich Inc.

Horkheimer, M., & Adorno, T. W. (1995). 계몽의 변증법(김유동 외 역). 문예출판사. (원서출판 1944)

Humphrey, C. R., & Buttel, F. H. (1995). 환경사회학(양종회 · 이시재 역). 사회비평사.

Immel, K.-A., & Trankle, K. (2009). 세계화를 둘러싼 불편한 진실(서정일 역). 현실문화. (원서출판 2007)

Jackson, E. L., & Burton, T. L. (1999). Leisure Studies: Prospects for the Twenty-first Century. Venture Publishing, Inc.

Kellner, D. (1988). Postmodern as social theory: Some challenges and problem. Theory, Culture & Society, 5(2/3), 239-269.

Lash, S. (1994) Reflexivity and its doubles: Structure, aesthetics, community. In U. Beck, A. Giddens, & S. Lash (Eds.), Reflexive Modernization: Politics, Tradition, and Aesthetics in the Modern Social Order (pp. 110-173). Stanford University Press.

Lash, S., & Urry, J. (1996). Economies of Sign and Space. SAGE.

Leavis, F. R. (1930). Mass Civilization and Minority Culture. Minority Press.

Lermert, E. M. (1967). Human Deviance, Social Problem, and Social Control. Prentice-Hall.

Liska, A. E. (1996). 일탈의 사회학(장상희 · 이성호 역). 경문사. (원서출판 1986)

MacCannell, D. (1976). The Tourist: A New Theory of the Leisure Class. University of California Press.

Malinowski, B. (1990). Time-reckoning in the trobriands. In J. Hassad (Ed.), The Sociology of Time (pp. 203-218). St. Martin's Press.

Marcuse, H. (1964). One Dimensional Man. Beacon Press.

Marx, K., & Engels, F. (1992). 칼 맑스, 프리드리히 엥겔스 저작선집 1(최인호 외 역, 박종철출판사 편). 박종철출판사. (원서출판 1972)

McLuhan, M. (1964). Understanding Media. Routledge & Kegan Paul.

Mead, G. H. (1968). Mind, Self and Society. University of Chicago Press.

Merton, R. K. (1938). Social structure and anomie. American Sociological Review, 3(5), 672-682.

Merton, R. K. (1957). Social Theory and Social Structure (Rev. ed.). Free Press.

Michels, R. (1949). Political Parties. Free Press.

Mills, C. W. (2004). 사회학적 상상력(강희경 · 이해찬 역). 돌베개. (원서출판 2000)

Nozick, R. (1974). Anarchy, State, and Utopia. Basic Books.
Nozick, R. (1993). The Nature of Rationality. Princeton University Press.
Ouchi, W. G. (1977). The relationship between organizational structure and organizational control. Administration Science Quarterly, 22, 95-113.
Park, R. E., Burgess, E. W., & McKenzie, R. D. (Eds.) (1925). The City. University of Chicago Press.
Parkin, F. (1987). 계급불평등과 정치질서(길태근 · 김원동 역). 나남. (원서출판 1971)
Parsons, T. (1951). The Social System. The Free Press.
Parsons, T. (1960). Pattern variables revisited: A response to Robert Dubin. American Sociological Review, 25(4), 72-99.
Putnam, R. (1993). The prosperous community: Social capital and public life. The American Prospect, 13, 35-42.
Putnam, R. (1994). Making Democracy Work Civic Traditions in Modern Italy. Princeton University Press.
Putnam, R. (1995). Bowling alone: America's declining social capital. Journal of Democracy, 6(1), 65-78.
Putnam, R. D. (2009). 나홀로 볼링: 홀링 얼론, 사회적 커뮤니티의 붕괴와 소생(정승현 역). 페이퍼로드. (원서출판 2001)
Rheingold, H. (2003). 참여군중: 휴대폰과 인터넷으로 무장한 새로운 군중(이운경 역). 황금가지. (원서출판 2002)
Rifkin, J. (2005). 노동의 종말(이영호 역). 민음사. (원서출판 1995)
Ritzer, G. (1996). The McDonaldization of Society. Pine Forge Press.
Ritzer, R. (1997). 현대사회학이론(최재현 역). 형설출판사. (원서출판 1983)
Rojek, C. (2000). 자본주의와 여가이론(김문겸 역). 일신사. (원서출판 1985)
Shaw, C., & Mckay, H. D. (1942). Juvenile Delinquency and Urban Areas. University of Chicago Press.
Simmel, G. (1950[1903]). The metropolis and mental life. In K. H. Wolff (Ed.), The Sociology of Georg Simmel (pp. 409-424). Free Press.
Simmel, G. (1957[1904]). Fashion. American Journal of Sociology, 62(6), 541-58.
Smelser, N. J. (1962). Theory of Collective Behavior. Routledge and Kegan Paul.
Smith, A. (1977[1779]). The Wealth of Nations. Dent.
Smith, P. (2008). 문화이론: 사회학적 접근(한국문화사회학회 역). 이학사. (원서출판 2001)
Stiglitz, J. E. (2013). 불평등의 대가(이순희 역). 열린책들. (원서출판 2012)
Storey, J. (1994). 문화연구와 문화이론(박모 역). 현실문화연구. (원서출판 1994)
Sutherland, E. H. (1967). White Collar Crime. Holt, Rinehart & Winston.
Sutherland, E. H., & Cressey, D. (1970). Principles of Criminology. J. B. Lippincott.

Thompson, E. P. (1967). Time, work-discipline, and industrial capitalism. Past and Present, 38(December), 56-97.

Tomlinson, J. (1999). Globalization and Culture. University of Chicago Press.

Tong, R. P. (2000). 페미니즘 사상(이소영 역). 한신문화사. (원서출판 1998)

Tönnies, F. (2001[1987]). Community and Civil Society (J. Harris & M. Hollis, Trans.). Cambridge.

Turk, A. T. (1969). Criminality and Legal Order. Rand McNally.

Turner, J. H. (2001). 현대사회학이론(정태환 외 역). 나남. (원서출판 2002)

Urry, J. (1990). The Tourist Gaze: Leisure and Travel in Contemporary Societies. Sage.

Urry, J. (1995). Consuming Places. Routledge.

Urry, J. (2002). Mobility and proximity. Sociology, 36(2), 255-274.

Veblen, T. (1975[1899]). The Theory of the Leisure Class. Augustus M. Kelly.

Vold, G. B. (1958). Theoretical Criminology. Oxford Univer. Press.

Wallerstein, I. (1979). The Capitalist World-Economy. Cambridge University Press.

Walters, G. D. (1996). Lifestyle Theory. Nova Science Publishers, Inc.

Wapner, P. (1977). Governance in global civil society. In O. R. Young (Ed.), Global Governance: Drawing Insights from the Environmental Experience (pp. 65-84). MIT Press.

Waters, M. (2001). Globalization (2nd ed.). Routledge.

Watson, T. J. (2003). Sociology, Work and Industry (4th ed.). Routledge.

Weber, M. (1948). Class, status, party. In H. H. Gerth & C. W. Mills (Eds.). From Max Weber: Essays in Sociology (pp. 180-95). Routledge & Kegan Paul.

Weber, M. (1976[1904]). The Protestant Ethic and the Spirit of Capitalism (2nd ed. Talcott Parsons, Trans.). Allen & Unwin.

Weber, M. (1997). 막스 베버의 사회과학 방법론 1(전성우 역). 사회비평사.

Weber, M. (2003). 경제와 사회 1(박성환 역). 문학과 지성사.

Williams, R. (1987). Keywords: A Vocabulary of Culture and Society. Fontana.

Williams, R. (1988). 문화와 사회: 1780-1950(나영균 역). 이화여자대학교출판부. (원서출판 1958)

Wirth, L. (1938). Urbanism as a way of life. American Journal of Sociology, 44(1), 1-24.

Wright, E. O. (1978). Class, Crisis and the State. New Left Book.

찾아보기

주요 용어, 개념

[ㄱ]

[ㄴ]

[ㅇ]

주요 인명, 학자

| 민 웅 기

목원대학교 스톡스대학 창의교양학부 교수로 재직하고 있다. 고려대학교 대학원에서 사회학을 전공하여 문학박사 학위를, 한양대학교 대학원에서 관광학박사 학위를 받았다. 고려대학교 아세아문제연구소 연구원, 고려대학교 한국사회연구소 연구원, 덕성여자대학교 연구교수 등을 역임했다. 저서로는 '사이버공간과 문화', '공감의 상호작용을 위한 사회심리학', '포스트모던 시대의 문화콘텐츠와 체험문화', '사회문제의 이해(공저)' 등이 있으며, 번역서로는 '관광과 관광공간(공역, 대한민국 학술원 선정 우수학술도서)' 등이 있다. 사회학, 관광학, 교양교육 등의 학술 영역을 중심으로 융합학문적 논의에 관심을 가지고 연구를 진행하고 있다.

[개정판]

사회 연구의 이론과 실제

사회학적 분석과 적용

2018년 2월 26일 초 판 발행
2023년 3월 10일 2판 1쇄 발행
2024년 8월 31일 2판 2쇄 발행

저 자 민 웅 기
발행인 한인환 · 한재성
발행처 도서출판 **기문사**
등 록 1978. 8. 9. NO. 6-0637
주 소 서울시 동대문구 안암로 50-1(용두동) 홍신빌딩 3층
전 화 02) 2265-7214(代)/922-8662~3
팩 스 02) 922-8772

homepage : www.kimoonsa.co.kr
e-mail : book@kimoonsa.co.kr

ISBN : 978-89-7723-943-2 93330

저자와의 협의하에 인지생략

정가 : 15,000원